夫妻的世界

改变一生的42堂婚姻幸福课

潘幸知

— 主编 —

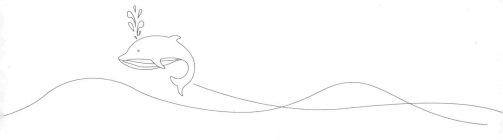

台海出版社

图书在版编目（CIP）数据

夫妻的世界：改变一生的 42 堂婚姻幸福课 / 潘幸知
主编 . -- 北京：台海出版社 , 2023.1
　　ISBN 978-7-5168-3461-9

　　Ⅰ . ①夫… Ⅱ . ①潘… Ⅲ . ①婚姻—通俗读物 Ⅳ .
① C913.13-49

中国版本图书馆 CIP 数据核字（2022）第 235985 号

夫妻的世界：改变一生的 42 堂婚姻幸福课

主　　编：潘幸知

出 版 人：蔡　旭　　　　　　　　封面设计：末末美书
责任编辑：赵旭雯

出版发行：台海出版社
地　　址：北京市东城区景山东街 20 号　邮政编码：100009
电　　话：010-64041652（发行，邮购）
传　　真：010-84045799（总编室）
网　　址：www.taimeng.org.cn/thcbs/default.htm
E-mail：thcbs@126.com

经　　销：全国各地新华书店
印　　刷：三河市嘉科万达彩色印刷有限公司
本书如有破损、缺页、装订错误，请与本社联系调换

开　　本：880 毫米 × 1230 毫米　　　　1/32
字　　数：193 千字　　　　　　　　印　　张：9
版　　次：2023 年 1 月第 1 版　　　　印　　次：2023 年 1 月第 1 次印刷
书　　号：ISBN 978-7-5168-3461-9

定　　价：49.80 元

目　录
Contents

第二章 婚姻经营：幸福的婚姻有法可循

第四章　自我疗愈：如何走出伤痛，找到更好的自己

第一章

婚姻本质：两性差异影响下，如何获得爱与幸福

"保姆式婚姻"揭开中年女性的无奈：男人娶老婆到底为了什么

文 / 云译

结婚是为了什么？

一则奇葩的《征婚启事》或许能告诉你答案。

一个年薪 30 万的男人，37 岁，身高 172 厘米，有车有房。

这样看条件尚可，可他找老婆的标准是这样的。

1. 28 岁以下，漂亮，身材好，家境好，工作好，温柔、可爱、顾家。

这还没完。

2. 婚后各项家庭支出 AA 制，每月男方会给老婆 500 元作为家用。

看到这里，你可能和我一样气愤了。

别急，还有更气愤的。

3. 男方一周有一半时间在外打麻将，基本零点以后回家。

4. 家务全由老婆承担，做饭还要求味道不错。

5. 婚后不愿接触老婆的父母，仅在过年过节时会去拜访。

这哪是找老婆？

这是打算每月花 500 元，找个兼顾生子任务的任劳任怨的保姆，而且要求这个"保姆"还得漂亮、温柔、可爱、顾家。

有人说：这个人是活在什么年代呢？真想点一首《梦醒时分》送给他。

其实，这并非个例。

多少女人在家中活成了一个"廉价保姆"呢？

美国国家统计局曾对各国劳动人口的总数和人口参与劳动的比例发表过一组调查数据：中国是世界劳动人口总量的第一名。

你想说女性劳动参与率高说明家庭地位重要？我想不是这样的。在中国，女性一方面照顾家庭，一方面外出工作赚钱，已经成为一种常态。

中国有 20.3% 的家庭，女人包揽了全部家务；41.7% 的家庭，女人承担了绝大部分的家务。至于带孩子，女性承担的工作就更多了，91.1% 的女性承担了大部分，甚至全部照料孩子的责任。但即使家中的工作已经使自己疲惫不堪，70% 的女性还想要兼顾事业。

为什么女性明明经济独立，也能照顾自己了，却还是甘愿成为一个"廉价保姆"呢？

被集体无意识忽视的付出

我曾在知乎上看到一位丈夫的求助：

"我白天上班已经很累了，老婆晚上起来给孩子喂奶还要喊我起来陪着，这是什么心态？"

他满腹委屈："她几次把我弄醒，叫我起来陪着，孩子晚上吃夜奶频繁，我确实心烦。"

可以看出，他似乎连基本的同理心都没有。

如果自己只是几次因此醒来就心烦，那么夜夜被频繁吵醒哄孩子，还要被老公厌烦的女人，该是何种感受呢？

他指望着自己的另一半母爱无边，靠爱发电，还能将带娃美化成一种"休息"。

《82 年生的金智英》中金智英有着高学历，有着自己的理想。

结婚后，金智英却因婆婆的反对，以及带娃的需要，不得不当起了全职太太。

金智英连轴转的疲惫，老公视而不见，只说："也好，再休息一阵吧。"

带娃，家务，真的是休息？

一位爸爸，在孩子出生后，为了保证自己充足的睡眠，就和老婆分房睡。

结果在孩子一岁三个月时，二十四小时照顾宝宝的妈妈，突发脑梗，经过一整夜的抢救才被从鬼门关拉出来。

直到这时，这位爸爸才醒悟道："她们是'奶牛'，是保姆，是厨娘，是用人，是员工，是维修员，是理财师……但她们终究是人，不是神，也会累。"

带娃已经够辛苦的了，那家务呢？

在一部纪录片中，罗伊斯与布莱恩娜结婚两年，每天的交流却只有争吵。

吵什么呢？

布莱恩娜是一位全职太太，不仅要照顾两个孩子，还包揽了所有家务。

罗伊斯却满腹牢骚：

"她待在家里，很清闲，陪着孩子开心地玩耍，我却得每天外出工作，我只是觉得她该承担更多的家务。"

他数落老婆用麦片代替热饭：

"不就是在家带小孩、做家务吗？为什么我上班一天很累了回到家还吃不上一口热饭？"

他嫌弃老婆把大部分精力给了孩子，身材也开始走样。

他按捺不住满腹的牢骚和嫌弃，自信满满地决定给老婆示范一下，做家务和带娃有多简单。

于是，"啪啪打脸"的一晚开始了。

饭做到一半，两个"小神兽"轮流登场：小孩子一放下就哭，大孩子在厨房里蹿来蹿去。饭没做完，他就已经累得腰酸背痛，折腾了几个小时无果，最后无奈地点上了外卖。

一顿饭的时间，让他想回去上几天班"放松"一下。

多少丈夫的岁月静好，是他老婆在负重前行？

中国社科院社会心理学研究中心发布的《社会心态蓝皮书》显示：中国男性的婚姻满意度总体高于女性。

有网友说：

"结婚之后有人伺候，洗衣做饭，生娃带娃，照顾一家老小，还出去工作赚钱补贴家用，换作是我也满意啊。"

"当然咯！男人结婚就是做大爷！女人上班带孩子当保姆。"

"可能真的大部分男性对家庭的付出要少于女性吧。"

"经济水平高了，女人能独立自主了，在家里却依然还要承担来自另一半的家务，当然满意度低啊。"

"找个带薪保姆我也开心啊。"

你看，"保姆式婚姻"的本质其实是：这个时代，大多数女人出去工作了，男人却并未回归家庭。

女性的自我挣扎与觉醒

"保姆式婚姻"最可怕的不是身体的疲惫，而是精神的枯竭。

电影《婚姻故事》中，妻子妮可是知名演员，丈夫查理是知名导演，他们恩爱多年，互相成就，但看似幸福的家庭中却暗流涌动，积怨已久。

妮可一直想回到洛杉矶，重启事业。她尝试寻求丈夫的支持，每次得到的却只是敷衍。

在名为家庭的"温水"中，她渐渐察觉，自己的情绪一再被忽视，自己的需要一再被牺牲，最终老公听不进她的任何一句话。

她似乎成了一个工具，一个满足对方需要的工具。

妮可说，她在这段婚姻里失去了自我，自己越来越衰败黯淡，查理却越来越有活力。

她是知名导演背后的女人，她是一位"好妻子""好妈妈"。

只是，她的自我被不断挤压，她失去了自己。

在两个人的家中，其实只有一个人，她只是那个附属品。

而查理，直到收到妻子申请离婚的律师函，才意识到自己的婚姻出了问题。

毕竟，他的心从未待在家中。实际上，这就是关系中最可怕的事——不被看见。

弗洛伊德曾在书中讲过一个故事：

一个三岁的男孩在一间黑屋子里大叫："阿姨，和我说话！我害怕，这里太黑了。"

阿姨回应说："那样做有什么用？你又看不到我。"

男孩回答："没关系，有人说话就带来了光。"

许多人终其一生，都在寻找一个看见自己的人。

被人看见，就有了光；有了光，我们才能看见自己，才得以存在。总是不被看见的人，他体验到的远不止孤独，甚至还有一种自己并不存在的死亡感。

她们会怀疑自己是否值得被爱，是否真的存在，进而忽视自己的需求，不断取悦他人，将自己附着在他人身上，附着在家庭中，以此获得被需要的感觉。

如此，她们才能感到自己是活着的。

是的，"保姆式婚姻"其实是一个恶性循环。一方忽视，另一方渴望被看见而付出；一方继续忽视，另一方付出更多。

在忽视和付出不断升级中，她们渐渐面目模糊。

相互扶持到老，才是婚姻最好的样子

之前，某女星的醉酒式表演因自带笑点，满是个人特色，而席卷热搜。

这是她在 40 岁经历"中年叛逆"，赢回来的自己。

她曾有过一段七年的婚姻，看似美满幸福，她却说自己"活得卑微而苍白"。

某天夜晚，她躺在床上，心里想着好久没见到老公了，第一次看清了自己的孤寂和不值得。

天亮的时候，她决定：结束这段婚姻。

多年后，她反思自己：

"我生活的轨迹几乎全部符合社会对一个'标准'女性的预期。

"既然循规蹈矩、随波逐流的生活并没有给我带来预期的幸福，反而让我在本该神采飞扬的大好年华，活得卑微而苍白，那就不如做我自己，随心所欲地去生活中冒险，试试自己的极限到底在哪里。

"真正为自己而活了，才发现叛逆是需要力量的。言听计从，无须过脑；而我行我素却需要判断能力和勇气的双重加持。

"也许是受到了婚姻变故的影响，也许是随着岁月的积累，我对自己的认识更加清醒，更加透明。好像慢慢发现，自己需要什么，能够做到什么，希望做什么。"

我们常说女性的觉醒，究竟是什么意思？

我想这位女星给了我们一个选择：一个女人是可以因为婚姻中失去自我而离婚的。

最后，我们再回到最初的问题：男人娶老婆到底为了什么？

很喜欢《爱情保卫战》中涂磊的回答：

"老婆，不是用来生孩子的，而是一起相伴到老的。有的男人婚前婚后没什么两样，他认为找老婆就是生孩子、做家务的。

"我告诉你，你错了。你是找了一个可以相互扶持到老的人，而不是在家里干活，一直忍气吞声的人。"

初恋为何难忘，这个问题隐藏着夫妻相处的关键

文 / 杜潇婷

问：

我前几天发现，老公心里一直有一个女人，他们经常聊天，但是一年也见不了几次面，也从来没有过越矩行为。

但老公会时常关心她，跟她说心里话，并非撩拨，更像是知音之间诉说心事。后来我打听到，那个女人是老公的初恋。

他要是身体出轨了我也认了，我就直接放弃；可是他越是心理出轨，我就越在意。我从来没有感受过老公跟她说话时的那种温柔。

我现在会不自觉地拿自己跟那个女人相比较，我真的很痛苦，该怎么办？

答：

首先还是要祝贺你，无论如何，你先生坚守了身体的界限，没

有发生肉体出轨。因为极度渴望亲密感的你，我严重怀疑面对他身体出轨，你是否真的能做到"认了"。

我体会了一下这种痛苦，评估了一下大概有三种可能：

（1）感觉老公对前女友比对自己好，他不够爱我，又霸占我的婚姻，我们因为"他不好"而痛苦。

（2）希望在婚姻里彼此是最亲密的人，然而我们的情感居然不是最亲近的，因为"我俩不够好"而痛苦。

（3）老公的温柔宁可对别人也不对自己释放，是不是因为自己没有魅力？因为"我不好"而痛苦。

这三种痛苦，有时候是因为下面这几个误会。

1. 初恋难忘，究竟是为什么？

很多人以为初恋难忘是因为这是"第一次"。

心理学上也确实有"首因效应"：最开始出现的，留下的印象最深。但这个规律研究的是我们大脑思维层面的记忆力，并不是潜意识层面的情感记忆。

恋爱中的吸引，起作用的是潜意识中的情感记忆，所以初恋之所以难忘的真正原因，是它最能呈现出我们原生家庭的创伤。

你经常能在生活中看到这样的情况，男人有一个事事操心、管东管西的妈，又喜欢上一个同样事事操心、管东管西的女朋友。

从心理学上看来，潜意识层面，这个男人对母亲的控制感到不爽，又因为心疼她的辛苦而不能拒绝，或者舍不得妈妈照顾的好处，而不想独立。

这种贯穿成长经历中的矛盾，推动他通过寻找相似的女性，来完成自己心理上的成长——当他承担起一个伴侣的角色，就从不能拒绝或不想独立的孩子身份中解脱出来，成为一个可以说不、需要自立的男人。

女性也一样。所以在恋爱里，一个男人总是找像妈妈一样的老婆，一个女人总是找像爸爸一样的老公。

也有的人是用逆反的方式来表达这种成长的力量。比如一个女孩子深感父亲的软弱和没主见，让家庭成员总是受到亲戚们的欺负，所以历任男友都是有力量、爱拿主意的男人，希望通过这种方式疗愈内心那个无助的、被欺负的自己。

当然，这种情况经常会反转，女孩子可能慢慢会发现，这个男人也会欺负自己，无助的感觉并没有消失。但无论如何，当事人的本意都是在用自己的方式，修复原生家庭中自己的不满和伤痕。

这种驱动力在初恋中表现得更明显，因为初恋时多数人正值青春年少，不需要考虑是否要结婚、家庭环境如何等这些复杂的社会因素，更依靠潜意识的感觉。

所以，面对初恋，让我们松一口气——初恋难忘和别人其实没什么关系，这是一个人对自我救赎的铭记。

请允许和尊重人的本能吧！

2. 夫妻，必须是感情最亲密的人吗？

我们且先做一个残忍的假设，你老公的内心确实离她比离你近——对此我持怀疑态度，因为更多时候，伴侣找婚外的人倾诉心事，与其说是寻求亲密感，不如说是寻求安慰，让自己可以不感到惭愧地吐槽生活，或为自己树立一个虚幻的美好形象。毕竟，离我们太近的家人总能用毒辣的眼光，让我们意识到自己受苦都是"自作孽不可活"，很多不够坚强的人不愿意承受这份清醒的痛——但这并不能表明，你俩的婚姻一定不够好。因为要成为夫妻，除了感情之外，还需要外部因缘的配合——合适的年龄，愿意结婚的心，双方家庭的磨合，等等。

在这么多条件的限制下，其实谁都无法保证，自己是世界上和对方最情投意合的人。

婚姻有物质保障（财力＋人力）、情感连接、性、抚育后代四大功能。

我们会特别看重情感连接，一方面是因为现在物质条件变好、情感空虚就体现了出来；另一方面是两性间的情感——爱情，是一种张力很强的关系，所以，文艺作品里常常将它描述得特别浪漫唯美，承载着个体对家族束缚的挣脱、对自由意志的追求和献身精神。

可是爱情里也有不美好的因素——有单纯为了对抗家庭而变得盲目的爱情（比如为了反抗家人不顾一切地结婚，后来才看到对方有明显的家暴倾向），有为了自由舍弃对方的爱情（比如觉得婚外情很正常的自我主义者们），有献身是为了操控对方的爱情（比如你不爱我我就自杀的极端示爱行为）。

如果我们抛开对爱情的理想化，也许这四个功能并没有轻重高低之分，每一个都在帮助我们维系着婚姻。

任何一个想做到更好，都需要持续的修炼——创造和妥善管理物质财富（财力），贫病衰老时不离不弃（人力），非常亲密的情感，开放和令人满足的性，智慧地生养和教育下一代……所有这些，都可以带来好的婚姻。

当然，鞋合不合适只有脚知道，四种功能没有轻重，但是每个人各有看重。如果你最看重的就是高品质的爱情，那你需要面对一个考验：

真的有"心理出轨"这种事吗？一个丰沛和有生命力的心灵，它真的有一个固定的"轨道"吗？懂爱的人，是否愿意为了自己的占有欲和安心，将对方的心绑在"轨道"上？

你可能发现，所谓"心理出轨"这个词，本身就不够温柔，带着对爱人进行"心理管控"的粗暴和无情。在这种情况下，怎样获得伴侣温柔的对待？

3. 我们够好，别人才会爱我们吗？

这是心理学中的老生常谈了，说到底，爱源于自我底盘稳固。就算对方确实认为另有人比我更合适，就算对方无法和我产生最默契的爱情，这也不代表我不好。

从知道这一点到相信这一点只有一个办法，就是诚实地、踏实地进行心理成长，没有捷径。

最后想说的是，我们分析了这么多，都是基于觉得你们的关系"不好"。但其实，人在觉得自己和别人"关系好"的时候更加幸福。

所以，你不妨问自己一个问题：是什么让你们两个在婚姻里坚守到现在的？

婚姻，就是一场世俗的游戏

文 / 巫其格

在后台收到一条留言：

"以前总想着甜甜的恋爱什么时候能轮到我，结了婚才知道什么叫一地鸡毛。你得上得了厅堂，下得了厨房，还要看着孩子学习……别说恋爱的心思，就连生活的心思都被打乱了。我很好奇，是不是所有已婚女人最终都会走向这一步？"

据说 99% 的已婚女人都有过同样的念头：恋爱的时候天天盼结婚，结婚了却天天想离婚。

事实上真是如此吗？

我和几位已婚女人聊了聊，发现了一个婚姻的真相。

三观一样，也不一定能过日子

很多人都觉得夫妻之间吵架的原因，在于三观不合。

但实际上，事关三观的问题可能一年也遇不上一次，但琐碎小事则是天天可以见到，若处理不好，婚姻就变成了牢笼。

婚姻中唯一关乎三观的，只有是否尊重对方。

每天他下班回家，进家门时总是不记得换拖鞋，我花时间拖干净的地板上，总能看见他明晃晃的黑鞋印；

每次在洗衣机运作的时候，他又从哪个犄角旮旯里抽出一条不知道多久没洗的裤子；

每次让他下楼丢垃圾，他都认真地执行"丢垃圾"这条指令，往往在你想往垃圾桶里放垃圾时，却发现垃圾桶里没有垃圾袋；

……

因为这些小事吵架，可能很多人都觉得我太矫情，可夫妻是要生活一辈子的，而不是一天。每天都要无数次面对这些事，我怎么可能不在乎，难道要一辈子都迁就着他过吗？

每个人都有跟了自己二三十年的生活习惯，忽然遇到了另一种生活习惯，总会有各种不便。而这一点点的不便会慢慢消耗掉彼此的耐心，引发他是不是不爱我、她是不是不尊重我等问题。

这些小问题最终都有解决办法，把黑脚印重新擦掉，将没洗的裤子放到明天洗，给老公下达套垃圾袋的指令……

日子还是要过的，不能因为这点小事就不过了，对吧？

当然，能忍的婚姻是值得你忍的时候才忍，不是说只要结婚了就得无条件地忍下去。

要知道，尊重对方是为了更好的婚姻质量，为了更好的生活质量，不是为了孩子，不是为了不离婚，不是为了表现自己很宽容大度，或者很爱对方。

要不是为了性和钱，我真不想结婚

都说女人现实，难道男人就不现实吗？

某种意义上，男人更侧重经济利益和社会成就，女人则更侧重家庭经营和子女照顾。从离婚时男人更会争房子，而女人更想争孩子这个现象，就能说明这个问题。

我老公有位前女友，两个人从大学时就在一起，约定好毕业就结婚。结果因为女方家里出了点事，女方不得不负担起照顾家中还在读初中的弟弟的责任，我老公怕未来被拖累，毅然决然地和她提出了分手，后来我们才走到了一起。

男人很少会摆明了说出自己的要求，但是心里却很明白恋爱和结婚对象的界限。要是达不到他的要求，男人很少会因为感动和你走到最后。

如果说这是自私的话，我还真的不能认同。

在这个快节奏的社会里，我们没办法像偶像剧中"霸道总裁与'傻白甜'的幸福生活"那样，有车有房有刷不尽的银行卡，而只是两个普通人的并肩作战、互相取暖。

谁都想过轻松一点的生活，而不是每天挤着高峰期的地铁，赚来的工资贴补家用后分文不剩，连买护肤品都要货比三家。

爱情是理想，婚姻是现实。

所谓的"感情至上"，很多时候是一厢情愿、自欺欺人的痴想。

我之前认为婚姻中没有爱的日子就没法过下去，认为爱是最重要的。可是到了现在这个年纪，很多事情我都看开了，什么爱不爱的，爱早就在一地鸡毛的生活中给消耗殆尽了。

说到底，做人本就该现实一些。如果你能一直不食人间烟火，有着"公主梦"，那是因为有人替你遮挡了风雨。但是这种人能有多少呢？

当然，有钱有有钱的过法，没钱有没钱的过法；有钱也会有有钱的麻烦，没钱也会有没钱的苦恼。但最终日子过成什么样，靠的是我们有没有经营和维持婚姻的能力。

总之，不幸的婚姻各有各的不幸，但幸福的婚姻却一定是爱、钱、性三者缺一不可、和谐统一的。

婚姻是两个人的，生活却是自己的

我和丈夫都是生意人，相识于应酬之时。两个事业心很强的人擦出火花，他欣赏我的雷厉风行，我喜欢他的光明磊落。

但生意少不了应酬，应酬又少不了"逢场作戏"。所以我们总是担心对方不高兴，但没想到这样的小心翼翼，反而让生活陷入了疲惫的死循环。

可能都是生意人的关系，在一次沟通后，我们默契地选择了保持原本的模式。但因为彼此信任的存在，我们的关系越来越好。

有时候我们是夫妻，有时候我们也像是搭档。偶尔闲下来时我们还会交流生意经，这让我们之间多了一些话题。每一次交流下来，我们都能够更好地了解彼此，甚至会对彼此生出一种崇拜感。

当然，我心里清楚，如果丈夫因为我的工作性质和我闹别扭，我也会想办法让他接受这一现实。

毕竟，结婚前我的工作生活便是如此，这份工作让我内心充实且满足，并不会因为婚后多了妻子这一身份就降低了幸福感。

婚姻是两个人共同拥有的，但生活却是自己的。短期内的让步，未必能成就未来的幸福，不如两人共同进步。

我和他都明白这一点，所以我们从不要求某一方放弃自己的事业。

当一份感情被逼得太紧的时候，你会觉得被管束，会窒息，而对方又会觉得被冷落，不受重视。一点小小的矛盾，就成了情绪爆发的导火索。

聪明的女人都明白，真正幸福的婚姻不是靠牺牲个人来实现的，只有自己先拥有完整的人生，才能成就一个家庭的幸福。

世界上不存在完全合适的两个人，而婚姻就是一场关于爱的磨炼。

婚姻的本质，就是一场合作

有人说，婚姻的意义是为了拥有一个属于自己的家庭。如果婚姻的意义是家庭的话，那为什么有人会爱上一个有家庭的人？

有人说，婚姻的意义是为了有陪伴。如果婚姻的意义是陪伴的话，那么不结婚就没有陪伴吗？

有人说，婚姻的意义是为了繁衍。如果婚姻的意义是繁衍的话，那么不结婚就无法繁衍了吗？

事实上，婚姻的本质就是一场合作，是世俗的两个人以合适为基础组队"打怪升级"。

两人结婚，资产共享，资源共享，本来需要两张床两张桌子，现在只需要一张床一张桌子。我的坏灯泡有人换了，他的臭袜子有人洗了……

说到底，人是靠本能和欲望活着的。

爱情中，你要给对方安全感和舒适感，然后从对方那里获取安全感和舒适感。婚姻更是一个相互交换，相互承诺的交易，充满了商人般的利益衡量。

在离婚率居高不下的今天，婚姻不能为你保证任何东西。当你不把它当作任何契机，而是一件小事，一件你认为自然而然应该发生的事情的时候，你就可以结婚了。

婚姻只是婚姻而已，这个世界上有各种各样的婚姻，你没有办法说哪个好哪个坏。但是，我认为婚姻共同的本质是陪伴与责任，它不应该承载此外的太多功能。

不要对婚姻抱有太多期待，这才是经营婚姻的诀窍。

婚姻不是简单的有情饮水饱，更不是因为合适就在一起。

在《风月俏佳人》里，交际花最后嫁给了富有的绅士；在《格林童话》里，灰姑娘遇到了白马王子。

但更多的情况是，爱情在物质面前，往往显得苍白无力。

所以说，婚姻，就是一场世俗的游戏。没有输者，同样，也没有最后的赢家。相互合作好，比什么都重要。

婚姻里男人最怕的是什么？你绝对想象不到

文 /Miss 柳

近几年，"丧偶式婚姻"和"诈尸式育儿"成了高频词汇。

很多年轻妈妈们累死累活地带娃，家里家外忙个不停，而爸爸们回到家后要么埋头打游戏，要么在旁边帮倒忙。

朋友小晴去年刚生完孩子，孩子还没有满月，老公就被公司外派到欧洲去工作一年。这一年里，她自己带着孩子，虽然累，但日子过得井井有条。

上个月，老公终于回国了。她本以为会轻松一点，没想到从此过上了极其暴躁的生活。

好不容易给孩子养成了晚上八点半准时入睡的习惯，然而，爸爸经常带着女儿玩到晚上十点、十一点，还意犹未尽。

女儿的生物钟被打乱，小晴也经常休息不好。

前几天，她顶着两个黑眼圈，和老公大吵了一架，气得想把他扫地出门。

老公也很委屈："我多陪女儿玩，难道不对吗？再说，为什么有了孩子之后，你对我的态度就这么差了？"

01

小晴的老公并不是个例。

很多男人在有了孩子之后，发现妻子义不容辞地包揽了一切。而自己在家里的地位急转直下，变得可有可无，挨骂的概率急速飙升，存在感低到可以忽略。

他们想给妻子帮忙，却感觉完全插不上手；想和妻子温存，又被嫌弃、拒绝、吐槽。

不管怎么做，好像都不对。

和"丧偶式婚姻"并存的，就是这样的"光棍式婚姻"。丈夫明明有妻有娃，回到家里却感受不到温暖。

阿辰是在妻子刚生完二胎那段时间出轨的。妻子忙着照顾孩子，根本无暇理他，也不肯让他帮忙，嫌他什么都不懂。

他一直强调，他只是纯精神出轨，没有与第三者发生过性关系，也没有金钱往来。

出轨对象是他高中时的初恋女友，两人异地，两个城市相隔千里，连见面都不容易。两人的交往，不过是在微信上聊聊天，谈谈心。

阿辰说，和初恋女友保持着暧昧的联系，可以让他暂时透一口气，从"一无是处的丈夫"的角色里走出来，假装自己还是那个热情洋溢的少年。

逃避可耻，但是有用。

不久之后，阿辰和初恋女友的聊天记录被妻子发现了。妻子瞬间崩溃，把这些"证据"全部收集起来，发到了家庭群、朋友群、同事群，历数他的"罪状"。

这场闹剧最后以"为了孩子"的名义收场，但阿辰已经明显感觉到，他没有家了。

两个孩子在妈妈的教育下，本能地保护妈妈、排斥爸爸，和他站在了对立面。

最近，有亲戚来家里做客，开玩笑地问两个孩子，喜欢爸爸还是喜欢妈妈。

大女儿说："当然喜欢妈妈了！爸爸什么都不会做，连地板都拖不干净。"

小女儿还不怎么会说句子，却已经会不断强调："妈妈好！爸爸坏！爸爸坏！"

看着妻子得意的笑容，阿辰的心里很不是滋味。

02

在婚姻里，男人最怕的是什么？

感受不到自我价值。

许多女人在有了孩子之后，会把重心全部转移到孩子身上，视老公为空气。

她们的理由也很充分：反正他也帮不上忙，不添乱就不错了。

久而久之，老公就变得越来越颓废，心思也不愿意放在家庭上了。

反而是那些有了孩子之后就给老公"加码"，让他帮忙做各种事情的女人，会发现老公越来越成熟，也更有责任感。

闺蜜 Fiona 的老公，是那种在产房外面还要玩手机游戏的"不靠谱男人"。

儿子出生之后，在 Fiona 的淡定引导下，他很快进入了"奶爸"模式，把打游戏的精力全都转移到了老婆和孩子身上，跟着网上的教程，迅速学会了煲汤做饭。

Fiona 毫不吝啬，常常在朋友圈里公开夸赞老公的靠谱，老公也一定会点赞回复，两人腻到不行。

闺蜜问起她的"驭夫秘诀"，Fiona 总结说：男人的潜能是需要耐心引导和激发的，你要给他表现的空间，还要记得多肯定他。

深陷"丧偶式婚姻"中的女人，有很多其实都没有给过老公足够的成长空间。

她们对待老公，就像对待一个笨拙的孩子——没有耐心等他成长、进步，总是一边抱怨，一边帮他把他该做的事情搞定，再一次次地告诉他：你真没用。

这样做的后果，十有八九是吃力不讨好，自己越来越累，老公越来越不听话。

而在"光棍式婚姻"里挣扎的男人，看似轻松潇洒，其实早已和整个家庭"断联"。

和妻子缺乏交流，跟孩子之间更是陌生，有隔阂，偶尔抱抱孩子，动作都很别扭。

在健康长久的婚姻关系中，激情、亲密、承诺三个要素缺一不可。

而当妻子和孩子组成一个"共同体"，丈夫遭到排斥和孤立的时候，夫妻之间就失去了"激情"和"亲密"，只剩下了由责任和义务组合而成的"承诺"，关系品质自然会明显下降。

所以，许多婚姻在孩子出生之后就进入了冰点，双方从彼此相爱的伴侣，转变成搭伙过日子的室友，相敬如"冰"。

03

曾有女性读者很委屈地留言说："这个世界上凭什么对女人要求那么高？我带孩子已经很累了，还要照顾到老公的需求，怎么可能？"

养育孩子的辛苦，众所周知。

因此，女人才更需要有意识地让男人参与进来，在共同抚养孩子的过程中，提升婚姻的品质。

一个朋友说，她一向睡眠不好，孕期也受了好多罪。孩子出生之后，为了让她休息好，每天晚上都是老公带着宝宝在隔壁客房里睡觉，把最舒适的主卧留给她。

照顾孩子的过程中，她老公最大的感悟是：你太不容易了。

有了老公的支持，她产后恢复得很顺利，体质明显比之前更好了，宝宝的身体也非常健康，爱玩爱笑。

她和老公的感情浓度一直在升级，现在比热恋的时候还有激情。

健康的婚姻关系，靠的不是女人一味地付出，整天苦哈哈地照顾孩子和老公。

对女人来说，除了付出爱与关心，还要学会好好地表达需求，以及接受伴侣的爱。

付出型的女人，内心深处往往有一个"我不被爱"的信念。所以，她们只能试图通过付出，和别人取得联结。

她们通常很难表达自己的真实需要，因为一旦表达，就有被拒绝的可能性。

被拒绝，又会再度勾起她们内心中那份不被爱的伤痛。

所以，如果想在婚姻中获得伴侣更多的爱与支持，还是需要先回到内心，看清楚自己最真实的害怕与抗拒。然后，向伴侣真实地表达自己此时此刻的需求。

也就是说，在试图照顾伴侣的需求之前，先好好地照顾自己的需求。

无论对方是否会立刻给你满意的回应，真正的联结都会从此开始。

改变，也许不会那么快带来满意的结果，但不改变，就只能一直困在"我不被爱"的僵局中，活得越来越僵硬、委屈。

至于老公的家务技能很糟糕，不够细心体贴，不会带孩子……这些都不是什么原则性问题，可以不断进行提升和调整。

给他足够的时间和空间来"试错"，不要急着去评判与矫正，往往会有惊喜发生。

无论"丧偶式婚姻"还是"光棍式婚姻"，症结都在于夫妻双方缺乏足够的联结。各自孤立，守着内在的恐惧，忙于自保，无法好好去爱，也无法好好被爱。

说到底，婚姻是一种深度的合作关系。它需要有足够的敞开和坦诚，也会随着双方的成长而不断升级进化，趋向令人满意、舒适的状态。

浪漫的爱情到底能否长久

文 / 肖璐

当谈到"爱情"的时候，大多数人脑海里跑出来的关键词常常是"浪漫、狂热、心跳加速、呼吸加快、不顾一切……"

大多数人对爱情的理解，都停留在浪漫之爱上。

但也正是这种感情令人最为困惑：浪漫的爱情似乎从来都不能长久，一个人在遇到另一个人的一瞬间，产生电光石火般的激情，但随着时间的流逝，这种令人狂热和悸动的感觉会越来越少，甚至消失。于是丧失这种感觉的人，会因此对爱情本身失望，甚至感到痛苦。

有一部经典的法国电影《芳芳》就深入地探讨了浪漫之爱。

《芳芳》讲的是一个已经订婚的男人，对一个女孩一见钟情，并且想办法将这段感情长久地保持在激情之爱里的故事。

男主角亚历山大是一个即将要结婚的男人，却突然遇见了让他一见钟情的女孩芳芳，并且认定了她就是自己生命中的最爱。

然而，亚历山大一直没有勇气将这一切告诉自己的未婚妻罗荷，但同时他更不想再欺骗自己的感情。因为跟罗荷在一起了一段时间后，他就没有了刚开始时的激情澎湃。

他害怕自己和芳芳会沦为和未婚妻一样的结局，失去浪漫爱情中的刺激感和激情，于是即便跟芳芳在一起之后，他也从来不和芳芳发生亲密关系。他爱她，但行为上从不涉及半点情欲。

电影中亚历山大曾对芳芳说：

我并非偷窥狂，

只想与你同居，

又怕日久生厌，

不想千篇一律。

我爱你。

于是男女主角在这段奇怪的关系里互相角力，只为了让这种激情之爱延续下去。

婚前面临两种截然不同的对象，怎么选择？

要不要和没有感觉的人一起步入婚姻？

进入婚姻后发现从前相爱的两个人，再也找不回激情的感觉怎么办？

在死水般的婚姻生活中，突然遇到"真爱"该怎么办？

……

大多时候，这些问题都是"浪漫之爱"给人带来的困惑：我们无法克制地对某些人产生了完全自发的反应和感受，却受限于现实处境，有的人甚至会因此抛弃道德和社会规范而不顾，为了追求浪漫之爱，承受道德伦理的煎熬，让自己陷入左右为难的境地。

这些困惑似乎都在拷问着我们：浪漫爱情到底能不能长久？浪漫爱情，是不是走入一段长久关系的唯一理由？

浪漫爱情的本质

社会心理学家说，所有浪漫爱情的发生，都依赖于两个条件：生理唤醒，以及将这种唤醒的原因指向另一个人。

也就是说，我们相信身体传达出来的强烈信号，并且相信这种信号是因为另一个人的存在而发生的。

生理唤醒，指的是我们体验到浪漫之爱时，会体验到身体上发生的明显变化：心跳加快，呼吸急促，变得兴奋和紧张，性欲和情欲被唤醒，想要和对方亲近和发生身体上的接触。

这时候的大脑会产生大量的多巴胺和去甲肾上腺素，这是浪漫爱情发生的第一个条件。当我们确定这种感觉是由对方引起的，我们就确定了两个人之间存在着浪漫爱情，这就是我们坠入浪漫爱河的过程。

所以，浪漫爱情的本质，就是被特定的对象唤起了强烈的生理反应。

但遗憾的是，这种生理反应会随着时间的流逝而逐渐消退。

社会心理学家都认定了这样一个事实：人们在结婚之后，浪漫爱情会减弱，有时候夫妻之间浪漫爱情的减少非常快速，仅仅在结婚两年之后，夫妻彼此平均表达出的情爱就比他们刚结婚时减少了一半。

电影《芳芳》的男主角亚历山大和未婚妻在一起一段时间后，就失去了刚开始时的激情澎湃，其实是一种再正常不过的感受。亚历山大对爱情里激情的丧失有自己的解释：童年的他经常看见母亲和不同的男人亲热，这让他不相信爱情可以长久，所以才会出现爱芳芳却不和她亲密的反应。

浪漫爱情难以长久的原因

浪漫爱情之所以会随着时间减弱，存在几个原因：唤醒反应的自然消减、幻想的减弱，以及新奇感的减退。

1. 唤醒反应的消减

唤醒反应是一种特定情境下的生理反应，既然是生理反应，人就不可能永远维持在一种特定的反应里。让我们对一个人永远保持紧张的激动状态，是不可能的事。

在爱情里，人的大脑会因为对伴侣越来越熟悉，而无法再像热恋时那样产生大量的多巴胺和去甲肾上腺素，于是唤醒的感觉就减弱了。也就是说，那种心跳、悸动、紧张的感觉在两个人之间消失了，激情也就减弱了。

2. 幻想的减弱

对一个人拥有激情，有一部分原因是我们对伴侣存在着一定的幻想，越是不了解，幻想的空间就越大。

当两个人进入琐碎的日常相处中，在一段亲密关系中最大限度地暴露了自己，这种幻想就大大地削弱了，神秘感便消失了。

爱情令人盲目，但随着对彼此了解程度的逐步加深，"盲目"的可能性会越来越小，我们之前加在伴侣身上的"理想化的光环"，就不复存在了。

这种理想化的丧失，是激情丧失的重要原因。

3. 新奇感的减退

刚进入一段恋情的时候，我们常常在这段关系中感受到"新奇感"，两个完全不同的人走到一起，对方的内在世界令我们感到着迷。

社会心理学家亚瑟·阿伦和伊莱恩·阿伦曾提出一个"自我延伸模型"的概念。这个理论认为，在一对伴侣刚相识的阶段，大家会给彼此带来新的体验和新的社会角色。这种自我扩展的感觉，会让我们在一段关系中体验到强烈的亲密感，缓解了我们的孤独感。

但很显然，这种"自我扩展"的感觉也是有限的。当我们逐渐熟悉对方，新鲜感渐渐消退的时候，这种新奇带来的快乐，也会逐渐减退。

一段以浪漫爱情开始的关系，最终会走向何处

那么，当一对恋人随着相处时间的增长，激情逐渐消退的时候，这种关系会走向何处？

有人认为激情消失了，爱情就死亡了。

也有人认为，爱情会随着时间的变迁，最终转变为亲情。

还有人在一段又一段关系中徘徊，和一个又一个不同的对象制

造激情的感觉。

甚至有的人在进入婚姻后，也无法克制出轨的冲动，没办法长久地待在同一段感情和关系中。

正如电影《芳芳》中的男主角亚历山大的母亲，她换了一个又一个男人，不断和不同的男人发生亲密关系。童年目睹一切的亚历山大，因此对爱情的本质产生了怀疑，认为爱情终究无法长久，一旦关系变得亲密，进入婚姻或者一段长久的关系中，爱情就会死亡。

于是他用自己的方式应对这种怀疑：和芳芳相爱却不相处，爱她却不跟她亲热，只是偷偷在隔壁房间里观察芳芳的日常。隔着一面单向镜，他和芳芳"同居"，却不触碰彼此。

但这似乎不是真正的解决之道，想要把一段关系永远维持在浪漫之爱中，是一种不现实的想法，因为浪漫的激情，并不是人们在日后长久维持婚姻的原因。

有一项有趣的研究发现，在浪漫爱情的背景下，也能产生深厚的友谊。这种深厚的友谊，就是爱情的另一种面貌：相伴之爱。

这种爱产生的生理基础和浪漫爱情不一样，不是产生大量的多巴胺，而是催产素。催产素的作用是促进人们彼此相互信任，加深对彼此的依恋。只要产生了信任和依恋，一段关系就有可能长久地维系下去。

电影后半部分里，芳芳对着单向镜向亚历山大说："我是个活生生的人，我需要你。"

芳芳知道这种只活在幻想世界里的激情之爱是荒谬的。在爱情里我们不可能只相爱不相处，于是芳芳最后用锤子敲碎了那一面镜子，两个相恋的人终于紧紧地拥抱在一起。

芳芳和亚历山大的爱情最终会走向何处我们不得而知。但对于我们，把激情之爱变成相伴之爱，把相恋变成相处，才是爱情的延续之道。

两性真相：男人怎么看待离婚女人

文 / 子墨

当婚姻走向瓦解，哪些因素会让女人迟迟不敢离婚？除了我们最常见的孩子、票子、房子三个"显性因素"，或许还有一个不容忽视的"隐形因素"，那就是男人对离婚女人的看法。

中国男人怎么看待离婚的女人？更确切地说，这个议题的本质是：在一个男权主导的环境里，人们对离婚女性有哪些成见。

今天，我们从几位男性的视角，来对这个宏大的话题窥探一二。

"离婚女人，真的不后悔离婚吗"

A男，34岁，已婚

要说离婚女人，我们公司就有两位，都是四十来岁，一个人带着孩子。

有一次，几个同事一起吃饭，一位还没结婚的女同事问这两位单亲妈妈：你们离婚之后后悔过吗？

两人的回答很一致：从来不后悔。

虽然我不知道她们当初为什么离婚，但还是很好奇，难道她们真的没有后悔过吗？

自己一个人养孩子，还得上班赚钱，想想就很艰难啊！我和我老婆两个人，还有我妈帮忙带孩子，有时孩子生个病，一家人还手忙脚乱的。真不知道一个离婚女人独自带孩子，是怎么挺过来的。

如果她们真的没有后悔过，那我从心底里很佩服她们。

说真的，我们公司这两位离婚的女同事，确实挺让人敬佩的。她们不但工作踏实可靠，平时为人处世方面也很得体，要是没人说，一点都看不出来她们离过婚……

（你口中"看得出来离过婚的女人"是什么样子的？）

印象中，离过婚的女人，应该脾气都不怎么好、情绪不太稳定，多多少少会表现得有点悲苦吧。我也不知道这种印象是怎么形成的，也许是电视剧里塑造了太多这样的人物？

"离婚女人，挺好的"

B 男，26 岁，未婚

我 20 岁恋爱，女朋友是我的大学同学，原本我们打算今年结婚，结果莫名其妙地就分手了。

这六年里，我们没少吵架，有时候是她妥协，有时候是我认错，分分合合一路走过来。

两年前，她就提出想结婚，我总觉得自己还不够成熟，毕业才两年，事业也没有什么成就，物质条件并不好，完全没有准备好进入婚姻。

于是，我们两个人就这样住在一起，平平淡淡地过着日子。去年春节之后，双方父母见了面，都催促着结婚，我也没有理由再推脱。

不承想，三月份因为一次很平常的争吵，她提出了分手，而且特别决绝地搬走了。气消了之后，我争取过，她完全没有了以往的犹豫，说累了、祝福我。其实我也累了，就这样结束了。

离婚的感觉，应该也跟这种多年相处之后的分手差不多吧？

要说对离婚女人的看法，我是这么想的：找工作还看工作经验呢，离过一次婚的女人，挺好的。至少在夫妻沟通上，她能避免自己曾经在婚姻里踩过的坑，也会更懂得经营婚姻、珍惜缘分吧！

（如果遇到一个离婚女人，你会不会考虑奔着结婚与她去交往？）

这个问题就比较复杂了，还是得更全面地来考虑。说实话，我是一个怕麻烦的人，如果因为她有过一段婚姻，我再跟她结婚后需要面临更复杂的关系，那我可能会望而却步。

再说，我还得考虑父母的态度，尤其是我妈，她要是听说我找了一个离过婚的女人，很可能会以命相搏来阻挠的我。这个我也能理解，没办法，毕竟父母也要承受来自亲戚朋友的舆论压力嘛！

"从来没想过，我会娶一个离婚女人"

C男，38岁，已婚

第一次见她，是在五年前一位朋友的画展上。无意间瞥见她散开的鞋带，才注意到她这个人——很投入地欣赏画作，一副若有所思的样子。

那天，我的注意力一直被那根鞋带牵着，担心她被绊倒，又不好贸然打扰。我就这样跟了她一路，在她要离开的时候，我终于鼓起勇气提醒她。

她是朋友的朋友。后来在一次聚会上，我们又见面了，很自然地留了联系方式。

我也是过了好久才知道，她那会儿正在办理离婚手续，前夫是同在北京工作的老乡。她说，那个男人身上最大的闪光点，大概就是他的学历和工作了。

在那段维持了两年的婚姻里，她曾小心翼翼地努力去做一个贤妻，甚至丢掉了自己的个性去迎合他，但得到的永远是差评。她天性爽朗活泼，喜欢弹钢琴，不惧众人的目光，而他却完全相反。

有一次在逛商场时，她看到一块展台上放着钢琴，忍不住走过去弹起来。结果换来的却是前夫狠狠的训斥，说她瞎卖弄、丢人现眼，连拉带拽地把她带离了现场，她的手都被捏得青了好几天。

我们结婚之后，我专门带她去那个商场，找到那架钢琴，让她想弹多久弹多久、想弹什么弹什么，我喜欢听！

是的，在我锲而不舍的追求之下，她离婚半年后，我们结婚啦！如今，我们的女儿已经三岁多了，我的父母、奶奶都待她如宝。我仍然每周会抽出一两天时间专门去接她下班。听说，她的女同事都把我说成是好男人的典范。

她说，跟我结婚后，感觉仿佛从压抑的地狱回到了人间，终于找回了自己。对于我来说，跟她在一起的每一天，都元气满满，她就是我快乐和力量的源泉。

遇见她之前，我从来没有想过，我未来的结婚对象会是一个离过婚的女人。遇见她之后，我再也无暇去顾忌世人给离婚女人的标签是什么。幸福掌握在我们自己手中，而不是别人的口中。

中国男人，一只脚踏在传统，一只脚迈进现代

幸知老师曾说过：中国女人，一只脚迈进现代，另一只脚还卡在传统里。

很多女性虽然经济独立，但是思想上并没有独立，还是想凡事依靠男人，过分依赖婚姻给自己的安全感。她们在内心深处把自己当成弱者，觉得自己的快乐幸福必须由男人全权负责，自己无法令自己快乐幸福。

当我们向男性抛出关于婚姻的一些议题时，也可以得出相似的结论：中国男人，一只脚踏在传统，一只脚迈进现代。

他们既能感受到女性在生活、职场等方面超过男性的"强大"、心生佩服，却又未能摆脱"女人是弱者"的思维，因而执拗地认为"女人离了婚应该后悔才对"。

他们既渴望在追求婚姻幸福的路上，能做到开明开化、拒绝迂腐成见，同时却又表现出"母命难违"的无奈，借传统观念造成的成见，在婚恋市场寻求"利益最大化"。

他们既戴着思维的"枷锁"，又有摒弃世俗、大胆追求幸福的勇气。

回到"男人如何看待离婚女人"这个问题上。这其实更像是一道价值观筛查题，只是它的结果不只要看口头回答，还需要通过许多具体的细节、行为来判定。

对于女性来说，如果你深陷在"要不要离婚""男人怎么看离婚女人"这两个问题里，那只能说明，你当下的状态并没有做好离婚的充分准备。

《我的前半生》等热播剧的制片人曾在做节目时公开自己的离异经历，引来亲朋好友的不解。

她在微博中回应说："我的亲戚朋友质问我，为什么在节目里说自己离婚。我说因为这是事实呀。我不想伪装自己事业有成、婚姻美满。我只想要一个真实的人生罢了。离婚，只是万千生活事件中的一桩而已，我不以之为耻。"

从某种意义上来说，我们每一个经历情感伤痛之后绽放重生之美的女性，都在为打破旧的社会认知提供力量支撑。

我相信，终有一天，当我们再面对婚姻困局的时候，我们可以不再受观念的左右，不再惧怕社会认知的诟病，可以不再陷入"离不了、合不成"的泥潭中空耗一生。

我并非鼓励离婚，相反，我最想鼓励的，是婚前的认真考量、婚后的清醒认知和持续的心理成长。我们要学会预见痛苦，提前消除可能到来的痛苦，或者通过提前介入的方式，减轻未来可能获得的痛苦的程度，而不是等到真的遇到了痛苦，才被迫去改变。

在这条路上，男人、女人都一样。

你哪个时刻想离婚？采访上百位男女，揭露婚姻的真相

文 /Ditto

01

结婚后你想过离婚吗？可能每个结婚后的人，都逃不过被问到这个问题的宿命。

最近，我从自愿报名回答这个问题的粉丝里挑选了二十位朋友，十男十女，大家来自不同的行业，年龄不同，地域不同，婚龄也不同。

他们的答案，有泪有笑，有苦有甜。

听完他们的故事，我不禁在想，这个问题的答案还重要吗？

（注：鉴于隐私问题，文中名字均以字母代替）

02

@ CX，男，32 岁，结婚 3 年，IT 工程师

"啊？还真没想过，我们这个行业里本来就很少碰到女孩，我老婆不嫌弃我没有生活情趣，愿意嫁给我就不错了，我可不想离婚。"

@ ZE，男，35 岁，结婚 8 年，个体商户

"我和老婆认识 12 年了，结婚 8 年，经常吵架。我记得我提过一次离婚，而她基本半年就提一次，但这不是都没离成嘛！我俩一起开店，起早贪黑，挺辛苦的，她还要照顾孩子，都不容易的。"

@ YY，女，30 岁，结婚 6 年，家庭主妇

"当然想离了！当初他忽悠我回家当全职太太，说让我在家吃香的喝辣的，根本就不是这么回事！我就是一个全职保姆，他忙得一周能回家吃一次饭就不错了。钱挣得再多有什么用，孩子每天都见不到爸爸，我也每天见不到老公，这样的日子我过了 5 年多，受够了。"

@ LU，女，47 岁，结婚 20 年，会计

"年轻的时候肯定会有离婚的想法吧，但一般想到孩子也就忍过去了，现在我俩都快 50 岁了，吵架也没年轻的时候频繁了，越来越像'老伴'的那种感觉了，就是互相扶持。"

@ WK，男，36 岁，结婚 13 年，货车司机

"我媳妇一直在老家带孩子，照顾爹妈，我一年也回不去几趟，只用往家里打钱就行了。说实话，我在外面挺自由的，偶尔还能跟小姑娘打个情骂个俏。媳妇啥也不懂，就也没想过要离婚。"

@ RT，男，49 岁，结婚 25 年，工厂职工

"我就看不惯现在的年轻人动不动就把离婚挂在嘴边，有啥好离的，凑合过呗，跟谁过不一样？"

@ VV，女，29 岁，结婚半年，记者

"我和老公是相亲认识的，大家都到了结婚的年龄，也就闪婚了。结婚后我发现日子没什么激情，因为他确实不是我喜欢的类型，但我也没挑出他其他的毛病来，就先这么过吧。"

@ HX，女，28 岁，结婚 1 年，前台

"我从没想过和我老公离婚，我觉得结婚很好呀，一直有一个人陪你，照顾你。下班回家后两个人一起做饭，看电影，我觉得很幸福的。"

@ FU，女，36 岁，结婚 10 年，杂志主编

"我每次想和我老公离婚，都是因为他爸妈，如果他们不捣乱，那我俩肯定超级幸福。因为我和他们的观念完全不一样，不论是生活方面，还是教育孩子方面，但偏偏他爸妈还和我们住在一个小区，躲都躲不开！"

@ RW，男，39 岁，结婚 15 年，装修工人

"我没想过离婚，我老婆虽然脾气不好，但她是个好女人，她也就是说话难听点，但把家里弄得挺不错的，连我妈都听她的。家里让我这么省心，我还离啥婚啊，平时她说话难听时我多忍忍就行了，男人嘛。"

@JN，男，36岁，结婚5年，生意人

"都说男人有钱就变坏，我挺有钱的，但我还是很爱我老婆。关键是她的条件也不差，自己的生意做得红红火火，人长得好看，身材也好，我哥们都羡慕我，我没有理由想离婚呀。"

@NN，男，24岁，结婚1年，打工仔

"我为了娶我老婆，家里恨不得砸锅卖铁才凑出20万彩礼钱，我可不想离婚，因为结婚太费钱了！"

@SW，男，45岁，结婚10年，公司合伙人

"我35岁才结婚，还是结给家里看的。我承认我爱玩，婚后我还是爱玩，我老婆每天就是买买买，只要她买高兴了，她也不管我在外面怎么玩。所以我感觉我俩还挺合适的，反正我挣得多，够她花的了。结婚对我来说无所谓，离婚也是，怎么都行，我觉得人活着开心最重要。"

@EE，女，30岁，结婚3年，银行柜员

"我和我老公都在银行工作，平时比较忙，所以我俩连吵架都很少，因为都很理解对方。但我建议找另一半还是不要找同行业的，生活确实会比较无趣，但也不至于到想离婚的地步。"

@RR，女，31岁，结婚4年，美甲师

"我和老公都是北漂，之前闹过一次离婚。他在4S店工作，被我发现和女客户暧昧，但他坚称是为了业绩，后来我也原谅他了。像我们这种北漂的夫妻，生活挺辛苦的，有个人陪着，终归比一个人强吧。"

@ TW，男，26 岁，结婚 2 年，普通员工

"我其实不想这么早结婚，但我女友天天逼婚，再加上我妈也老是催，就结了。不过还好我们现在没有孩子，我俩就是天天下班后一起玩游戏，要不就是出去吃饭、逛街。我目前觉得结婚的日子也还行，除了有人老管着我，其他都还好。但我不知道有了孩子以后会变成什么样，我感觉我媳妇也不太像会带孩子的人。唉，以后的日子以后再说吧。"

@ CC，女，38 岁，结婚 15 年，女老板

"我老公是一个'家庭妇男'。结婚后一直是我在挣钱养家，他在家里辅导孩子学习，给我们做饭、洗衣服。他除了没什么男子气概，其他都还好吧，我可以接受，毕竟女强人的背后需要这样一个男人。"

@ FY，女，40 岁，结婚 20 年，写字楼保洁

"我本来自己在农村开了一家服装店，后来才跟着老公来城里打工，因为我就是要在他身边看着他。去年我发现他往家里寄的钱变少了，跟他视频聊天的时候还总是占线，我就开始怀疑了。于是我把服装店交给我妹妹，让她帮我看着，我来城里找他。虽然现在这份工作挺辛苦的，但我能天天看着他也挺好的，因为我结婚时就没想过离婚，所以我要保护好我的婚姻。"

@ YU，男，55 岁，结婚 3 年，饭店老板

"我有过一段失败的婚姻，当时是因为我出轨，不顾老婆的挽留，也没有考虑孩子，就把婚离了。结果我和那个女人也没有走进婚姻。后来我一直单身了十几年，每天都在后悔。直到我遇到了现

在的妻子，我开始学会好好珍惜眼前人了。"

@ZX，女，42岁，结婚4年，教师

"我和老公都是二婚。说起来也挺巧的，我俩上一段婚姻可以说都是冲动离婚，日子过得乌烟瘴气，一言不合就吵架。但我俩自从结婚以后，一次架都没吵过，反而还很幸福，我发现，还真是一物降一物啊。"

03

写在最后

看完这些回答，你有什么感受？

其实我们会发现，婚姻的幸福与否，不取决于你的年龄、职业。

我们对待婚姻的态度，我们处理亲密关系的方式，我们感受到的每个相处细节……是这些，组成了我们每一天的生活。

愿我们每个人，都能成为生活中的有心人。

娶了心口朱砂痣的男人，能忘了心中那道白月光吗

文 / 非也

张爱玲曾说："也许每一个男子全都有过这样的两个女人，至少两个。娶了红玫瑰，久而久之，红的变了墙上的一抹蚊子血，白的还是'床前明月光'；娶了白玫瑰，白的便是衣服上的一粒饭粘子，红的却是心口上的一颗朱砂痣。"

这句话，有个更通俗的版本：

"很少人最后会跟自己喜欢的人结婚，而是选择了合适的人。那喜欢的人呢？放在心里。"

还有一种说法，就是"男人总是忘不了自己的初恋"。

这种压在心底的小秘密，大家也许都心照不宣了吧？可是，若是不小心解锁了他心中的"月光宝盒"，该怎么办？

01

之前有个姑娘来咨询，给我讲了一个故事。

男生和女生是大学同学，一起上课，一起参加社团活动，兴趣爱好差不多，所以课余时间也经常在一起。两人还是老乡，所以总是约着一起回家。

日久生情，也是自然而然的事了。

男生很优秀，喜欢他的人不止她一个，可他一向很冷淡，统统干脆地拒绝了，所以一开始，她就压根没有想过有一天他们会成为男女朋友。他对她的照顾也更像是老乡之间的关心，不过这一点点温柔，足够融化一颗本就为之倾倒的心了。

两人的相处，一向是女生更主动，而男生也不拒绝。时间久了，女生也渐渐忘了恋爱该是甜蜜的，早早习惯了"平平淡淡才是真"。

毕业两年，他们分分合合几次后，最终牵手走进了婚姻的殿堂。

结婚后，他还是那样清冷的性格。不过跟女儿在一起的时候，他却像换了一个人似的，对女儿宠溺得不行，还很有耐心，任凭她怎么闹都不会生气。

这个已经成了女人的女生，常常忍不住吃女儿的醋。但他疼女儿是好事，她也没有什么理由反对。

直到有一天，她在他电脑的 E 盘里发现了一段视频。回想起两人在一起的点点滴滴，她的脑海中立马涌现出了那句话："他不是高冷，只是暖的不是你罢了。"

在那段视频里，他拿着相机沿着某个城市的大街小巷，一边走一边诉说着他与另一个女孩的点点滴滴。他细细地回忆他们一起吃过的某道菜的味道，不厌其烦地复述他们曾经说过的话，一把鼻涕一把泪地向她保证以后自己什么都顺着她。

末了，他对着镜头一本正经地说："从此以后，我再也不会爱上别人了。我的心放在你这里了，永远永远都埋葬于此了。"

"那我这么多年算什么？是不是他根本不在乎自己爱不爱我，只要我足够听话就好了？"情绪一直还算平稳的姑娘，此时再也控制不住眼中的泪水，哽咽着问我。

虽然很多婚姻不过是在凑合着过日子，但是没有一个怀抱真心的人能够接受自己是被凑合的那一个。就像有首歌里唱的那样："该配合你演出的我演视而不见，在逼一个最爱你的人即兴表演。"

婚姻的美妙就在于，我们是彼此的唯一，容不下第三个人的位置，哪怕两个人吵吵闹闹或冷冷清清，也不愿意别人来掺和。所以很多夫妻能够接受不恩爱，但绝对不接受第三者。

"他现在和那个女生还有联系吗？"

"我不知道。我一直都很相信他，可是他还保留着这段视频，不就说明还爱着吗？这么多年来他对我一直不冷不热的，不就说明还记得自己之前说的话吗？"

"那你希望他怎么做？"

"彻底忘记她。"

"你可以试一试。"

过了半年后，她告诉我："出于好奇心，我借助强大的朋友圈找到了那个女生，并主动和她聊起了当年的事情。她是个很好的人，说没想到自己给我的生活造成了这么大的困扰。虽然她觉得没有必要，但还是同意我的提议，三个人来了一场跨越时空的特别约会。"

"你老公什么态度？"

"他大吃了一惊，还有点生气，不过也没有说太多。倒是从那以后，慢慢地对我热情多了，想来应该放下了吧。"

"也许，他也没有想怎么样，但是曾经许下的诺言确实改变了他对待感情的态度，只是他也没有意识到而已。"

<h2 style="text-align:center">02</h2>

相信很多人都很好奇，为什么男人总是忘不了初恋或是曾经暗恋过的人？其实女人也是如此。

也有人主动来咨询，自己该怎么忘记前任或心中的女神？也有人明明很爱自己现在的老婆，很想对她一心一意，脑海中却还是会不时浮现出另一个女人的身影。也有人在酒足饭饱后和哥们聊天的时候，还是会兴致勃勃地谈起自己曾经爱过的姑娘。

当然，也有人像这位姑娘一样，想要弄明白身边人为何总是忘不了别人，也会很苦恼自己该不该计较。

角色互换一下，也是一样的，很多女人心中也有放不下的一段情。

这样的桥段在电影、电视剧中更是比比皆是。

正如电影《后来的我们》中，见清和小晓偶然相识于归乡过年的火车上。两人怀揣着共同的梦想，一起在北京打拼，相濡以沫，相知相守，同住一个屋檐下，可最终还是错过了。兜兜转转间，见清已经结婚，也有了自己的孩子。

如果不是再次相遇，他也不会意识到，自己心里一直都给小晓留着一个位置。当然，最终他们还是错过了。

这样的故事在现实中又有多少呢？

也许，每个人心中都有一个这样的故事，只是很少有人能有机会像电影中的见清和小晓一样再次相逢，但是即便重逢，终究还是要错过的。

03

不知，如果对话类综艺节目中的辩手们来辩"娶了心口朱砂痣，是不是一定要忘记那道白月光？"各位巧舌如簧的辩手们该说出怎样的道理来。

不过，你若是认真看过辩论就会明白，每一个道理都不是无懈可击的，每一种答案都是有特定的适用范围的。所以要不要忘记，也不过是仁者见仁，智者见智了。

我所知道的是，我们会一直有一种欲望，去终结曾经开启过的愿望、疑问，甚至人生命题，这是一种本能。

心理学家认为，人具有一种认知闭合需求。简单来说，它指的是个体在面对不确定的情景时，有一种求知动机——"人总是希望能给问题找到一个明确的答案，不论是什么样的答案。因为与混乱和不确定相比，任何明确的答案都会让人们感受到认知上的舒适"。

简单来说就是，得不到的永远都是好的，但并不意味着一定要得到，而是想要知道如果得到了会怎么样。

每个人都有自己的未完成事件，它不一定是宿命般宏大的事。看了一半被迫中止的电影或小说，特意去吃却刚好关门了的餐厅……在我们找到机会去完成它们之前，这些也都是未竟的愿望。我们也一样会牵挂着想要去实现这些愿望。

终结这种欲望最好的方法，就是去给它画上一个句号。

就像咨询中的那个姑娘一样。

然而经历多了之后，我们就会明白，并不是每件事都需要一个答案。正如三岛由纪夫的短篇小说里写的一句话："我们心中某些隐蔽的愿望，一经实现，往往会有一种被欺骗的感觉。"

白月光，还是高高挂在天上的好。

没有感情，就不算出轨吗

文 / 张丽霞

借用张爱玲的一句名言：假如婚姻是一件袍子，那么幸福的婚姻就是一件华丽的袍子，但是如果有一天，你发现这件华丽的袍子下面居然布满了丑陋的虱子，而且你还不知道这些虱子是从何而来的，那么，你将会感到非常痛苦、迷茫和抓狂。

01

我的来访者小丽就遇到了这样的情况。

小丽和她的老公各自都有自己的小生意，经济各方面也比较独立，所以小丽一直觉得他们是互相辅助的角色，精神交流也很多，这也是小丽婚姻中非常引以为傲的地方。

小丽对自己各方面都很自信，毕竟很多婚姻的失控似乎都来自双方某些能力的失衡。

可是没想到的是，上个月小丽出差回家后，发现了一支不属于她的口红在自己的化妆台上。

本来小丽还抱有一丝希望，觉得这可能是个误会。但是当她去问老公的时候，在看到他的表情的一瞬间，小丽就知道他出轨了。

他跪下认错，说对方是他生意上的一个合作对象，可以给他很多资源，他这样做只是因为工作需要逢场作戏。还说自己从来没想过要离开小丽，也没想过和对方有什么进一步的发展。

老公一直在祈求小丽的原谅，可是小丽不知道该如何选择。她既舍不得彼此的感情，也没法把这件事情当作没发生过，所以现在每天都很煎熬。

小丽讲完这件事的时候，哭着问我："老师，我该如何选择？"

02

其实如何选择，是很多婚姻面临外遇打击的时候，都需要去面对的问题。

是重新建立关系，还是彻底结束这段关系？但是不管选择哪一条路，我们都需要三思而后行。

小丽说，即使我很舍不得这段感情，但是不可能当这件事没发生过。

是的，假如我们为了留下这段感情，绝口不提外遇，也不分析外遇发生的原因，也不想确定以后是否还会发生同样的事。那么，这样的婚姻生活虽然表面平静，但实则是一种逃避和隔离，最终容易陷入一种绝望的状态。

所以在做选择之前，我们需要先弄清楚一个问题，就是这件华丽袍子上面的虱子从何而来，我们的婚姻到底是怎么了？

03

我们来看小丽的陈述。她觉得在自己的婚姻中，夫妻精神默契，经济独立，沟通交流没有障碍，似乎有一种琴瑟和鸣的感觉，所以对婚姻和老公百般放心。

我们也看到，老公在检讨外遇的原因时，也几乎没有挑出小丽和婚姻的任何毛病来。但是老公关于出轨的理由，倒是值得深思。

首先是说为了事业发展。为了事业，为了成功，甘愿牺牲自己的身体和情感，这样的"拼劲"让人觉得有点匪夷所思。

再次是逢场作戏。好一个"逢场作戏"，假如小丽也这样"逢场作戏"，不知道老公是否会"心有戚戚焉"？

最后强调没有感情，也没有对和第三者的关系做长远计划。他的意思也就是，"你只管安心做我的妻子，我只是一时贪玩，最终会回到你身边的"，所以他觉得自己这样的出轨情有可原，甚至似乎在他的轻描淡写中，还带着一点觉得小丽小题大做的委屈。

所以，老公觉得情感上面没有真正的投入，就算不得对婚姻不忠。一句"逢场作戏"，也是希望能宽慰小丽的心。就像是在说：你看，我即使和她发生了关系，我的心也依旧在你的身上，这样的深情，你即使没有感动，应该也可以体谅，可以原谅的吧。

虽然老公以下跪的动作来表示自己的诚意，但是，让人怀疑的是，倘若老公以后依旧要为自己的事业"献身"，觉得逢场作戏只是一种事业进步的策略，那么这个下跪的动作，便更像是暂时平息事态，稳住老婆的一种轻佻之举了。

04

为什么呢？

这里其实要讲到心理学中男性和女性对待出轨的不同态度。

美国著名心理学家简妮丝·斯普林的著作《外遇心理学》中写道："女人更容易为爱而出轨，男人则更多的是为了性而出轨。女人觉得自己只要是为了真爱，自己的婚外情就是可以理解的，合理的；男人则相信，如果不是因为真爱，出轨就没有什么大不了的。"

小丽的老公为自己出轨进行辩解的理由，其实就是来自这里：只要男人不动真情，婚外情就是合理的，逢场作戏只是一次意外，是一次短暂的放松而已。

男性自信自己可以掌控这段关系，只是保持在性关系的层面上。但是很多时候，他们却忘记了两性关系不是一个人的游戏，当关系失控，婚外情人的需求要得到更多的满足时，伤害和失控就会发生，婚姻也会变得支离破碎。

如同小丽的老公以为自己的行为只是一种游戏和消遣，但是当小丽发现其中的真相时，夫妻之间的信任大厦便因此而崩塌。

05

那经历了这样的出轨风暴后，被出轨的人要如何恢复过来呢？

第一，你可以让自己站在受害者的位置上，悼念失去的美好感情，控诉老公的伤害。

第二，你也可以重新去认识和培养自己，让自己变得更加自信、美好和坚强，对婚姻有新的审视和觉察，然后做出让你最舒服的选择。

第三，你也可以重新去探索自己的感情和两性关系，扔掉破碎的瓦片，重新建立婚姻的大厦。

假如你选择第三种，那么，或许，你可以这样做：

1. 客观看待你们曾经拥有过的感情

他对你的好是真的，你们精神上的默契也是真的，你们彼此经济独立、精神独立，同时彼此欣赏。但是他出轨也是真的，这两者是不能互相混淆、互相替代的。你只有对你们的关系和他的出轨保持一种客观理性的觉察，才有可能跳出受害者身份，去客观审视你们的关系和感情。

2. 冷静理性地去讨论彼此的感情和婚姻

当你可以冷静理性地去讨论你们的感情和婚姻，而不是站在道德制高点或者受害者的位置上，去教育或者控诉对方的时候，你们就可以坦诚地探索彼此的关系遇到的困境，讨论彼此的情感需求，更可以讨论彼此的价值观和人生观。

比如，小丽需要去了解在老公心目中，事业成功意味着什么，甘愿用身体去换取利益是出于什么样的认知；而老公需要去了解，小丽内心真正渴求的幸福是什么。

彼此给予对方需要的东西，真正懂得对方，在尊重彼此的基础上，做出不带情绪，让自己利益最大化的选择。

3. 在彼此有效沟通的基础上，去建立边界

也就是说，你需要让对方明确，自己面对感情的底线在哪里，假如践踏了这条底线，会有什么样的后果。

小丽的老公觉得自己为了事业，为了资源，可以逢场作戏。他既没有守好婚内婚外的边界，更没有守好和女性同事的边界，他只是顾及事业可以成全自己的个人成就感，但是他没有想到的是，这样的事业即便成功了，也会对家庭造成毁灭性的打击。

4. 在建立边界的时候，需要把握好一个度，巧妙地运用"皮筋法"

松紧有度，太紧，容易断；太松，容易落。夫妻之间靠得太紧，容易被彼此吞没，但是离得太开，就容易疏离。

就像小丽，她因为对婚姻和感情太信任，疏忽了对感情的经营。所以他们两个人看上去似乎都很独立，但是这个独立中倘若缺乏一定的依赖，很多时候就容易忽视了问题的产生。

5. 要建立边界和底线

其实被出轨方是需要很大底气的，当你有足够的底气时，对方就不容易忽视你的感受了，不会再把"逢场作戏"挂在嘴边做挡箭牌。

所以，让自己变得更加自爱吧，去建设和培养自己，打开自己

的世界，相信自己是值得被爱的，把关系中的选择权掌握在自己的手中。

就像小丽，她可以给老公得到自己原谅的机会，也可以选择离开这段关系。把选择权掌握在自己手中，这样才能让老公在尊重自己的基础上，学会珍惜，更学会经营婚姻和感情。

06

简妮丝说，出轨并不都是负面的，它是给你敲响了一次警钟。也许你会发现，正是这种核爆式的冲击，瞬间击毁了你原来的婚姻堡垒，一种更加健康、更加清醒、更加睿智的婚姻态度由此诞生，让你的婚姻获得了新生。

所以，穿过人性的复杂，利用我们内在的力量，让自己在婚姻的风暴中，好好活下来吧。

为什么说婚姻不可缺少仪式感

文 / 巫其格

"老夫老妻"成了婚姻挡箭牌

当谈及爱情与婚姻这个话题时，总会有过来人给你一句"忠告"，他们可能会带着严肃或者戏谑的口吻说："你们这些小年轻也就现在谈恋爱，还能如胶似漆、你侬我侬的，等结了婚就没有这些心思了。婚姻可是爱情的坟墓，踏进去就没有回头路了。"

其实他们倒不是在吓唬年轻人，当人到中年，婚姻总会出现这样或那样的问题和症结。

"都老夫老妻了，就不要搞这些形式主义了。"

"老夫老妻的还过什么情人节，没那个必要。"

"老夫老妻的，碰你就像碰我自己一样，今晚各自洗洗睡吧！"

"结婚这么多年，都老夫老妻了，我说话有没有那个意思，你还不知道吗？"

"老夫老妻"这四个字仿佛成了浪漫生活的挡箭牌。在外人面前，两个人说"我们都老夫老妻了"，这是一种熟悉、亲密的象征，但在家里，用"老夫老妻"作为口头禅拒绝做出爱的行动，就是关系疏远的开始。

"老夫老妻"，在更多时候已经成为婚姻里懒惰的借口。在这个理由下，任何人都可以肆无忌惮、无所顾虑，甚至不用再表达爱意，不用再费心去经营婚姻关系。

婚前，很多男人可以使尽浑身解数去营造浪漫，直到他喜欢的女人愿意嫁给他。婚后，理性的男人重心回归事业本身，关注点也回到他自己身上。

漫长的婚姻中，有的男人早已厌倦了，于是拿"老夫老妻"作为借口，不断给女人"洗脑"，试图麻痹女人对于爱意的渴求，以此为自己省去所谓的"麻烦"。

这样的婚姻，味同嚼蜡，无疑是慢性自杀。最后，婚姻的实质已经死了，只剩破败的空壳。而这样的夫妻，往往也是貌合神离，麻木度日。

一旦有一方忍不住寻求新鲜感和浪漫，就会有出轨的情况发生，最终面临离婚。

老夫老妻≠没有激情

我们经常在电视剧中，或者在身边见到这样的场景：

一个女人对老公唠叨："当初你追我的时候各种甜言蜜语，送花送礼物，天天接送我上下班。等把人追到手后，好听的话你也不说了，礼物也不送了，想一起出去吃顿饭、看场电影都难，每天不是窝在家里打游戏，就是和你的狐朋狗友喝大酒。"

有的人觉得这不是很甜蜜的日常吗？至少家里有个人唠叨，不会一点"人气儿"都没有，看起来很温馨。

但其实，一切唠叨的背后，都不是无缘无故的，一个人只要经常唠叨，那多半是因为心中有所不满。唠叨一次两次、十次八次可能没什么，可怕的是，稍微不注意就唠叨了一辈子。

如果将来真的出现了很严重的争吵，那么这些看似甜蜜温馨的唠叨，就会变成两个人用来翻的"旧账"。

一个女性朋友的婚姻维持了九年，为老公生了一双儿女。虽然老公还算顾家，但是她总感觉婚后的生活寡淡无味，有时候更是憋屈得慌。

原本她老公是个很懂浪漫的人，恋爱的时候，每个节假日都会给她准备惊喜，不仅记得她家人的生日，连她的生理期都记得一清二楚，还会提醒她记得给家人发生日祝福，也会提前备好红糖姜水端给她。

婚后，老公变得不再像从前那么浪漫和体贴。他把大部分精力都放在事业上，即使空下来也是在陪伴孩子，带孩子去游乐园，给孩子买玩具、过生日，各种节假日也只有孩子能收到蛋糕和礼物。

而他们的结婚纪念日、情人节，以及她的生日，老公都没有陪在她身边，甚至干脆把结婚纪念日忘记了。

对于婚前婚后的这种落差，她直接和老公说明了自己内心的想法，可老公每次的回应都是："都是老夫老妻了，又不是年轻人，弄这些华而不实的东西就是浪费。"

一开始她被老公说服了，也觉得夫妻生活终将回归平淡，仪式感什么的也不那么重要了。但是，长此以往，她感觉自己和老公的感情慢慢变淡了，难以交心，也很少有性生活，只有在看到孩子的时候，才觉得他们像夫妻。

结果，没有激情和仪式感的婚姻，最终在"老夫老妻"之下宣告终结。

其实，很多人都会有这样的感觉，相处时间越长，对待对方的态度越是平淡，感觉反正都是自己人，何必太在乎外在表现，随意就好。

但当你真正开始随意做自己的时候，你会发现对方变了，或者觉得有没有对方都无所谓了，这个征兆很可能让婚姻出现裂痕。

电影《重庆森林》里有句话说："不知道从什么时候开始，在每个东西上面都有一个日子，秋刀鱼会过期，肉酱会过期，连保鲜纸都会过期，我开始怀疑，在这个世界上，还有什么东西是不会过期的。"

所有东西都需要保鲜，婚姻也需要保鲜。

白天是夫妻，晚上是邻居

人的细胞平均每七年会完成一次新陈代谢。婚姻中的"七年之痒"不知是否与此有关。两个人在一起生活了七年，可能会因爱情或婚姻生活步入平淡，而感到无聊乏味，到达倦怠期，经历一次危机考验。

很多人会不由自主地将爱情转化为亲情，而这份亲情虽然可以让两人的感情更坚固，却同样存在着风险，让双方从夫妻变成了同居人。

我见过很多本来相爱的夫妻，走到最后只有柴米油盐、生活琐碎，还有孩子的一切一切，唯独没有了最初热恋时的激情和热情。总是以"老夫老妻"为借口来掩饰越发淡漠的感情，甚至已没有了感情。

如果真的有感情，再老也可以互相搀扶着去做一件事，哪怕是坐在轮椅上一样可以谈天说地。

有人会问，"老夫老妻"不好吗？

"老夫老妻"这个词，在从前是夫妻"执子之手，与子偕老"的意思，是我伸手你就知道我想要什么，彼此有话可说，有爱可谈。放在如今的时代，就完全变了味，它变成了表示，与爱人间的感情就和左手摸右手一样，乏味无趣的意思。

刚在一起的时候，巴不得天天腻在一起。现在是相看两相厌，宁愿出门多喝两杯酒，多打两局游戏，也懒得多花点心思陪伴身边的那个人了。

是不爱了吗？

并不全是。而是婚后两个人逐渐认为，爱情已经变成亲情了，彼此十分熟悉，就可以无所顾忌，不需要再保留自身的神秘感。

可任凭是谁，都会有审美疲劳的时候。只有那朦朦胧胧的美，才能长久地勾人心魄。

不要总是在伴侣面前暴露全部的自己，保持一点神秘感，才能时刻勾起对方的好奇心和欲望。

婚姻不可缺少的仪式感

很多已婚男人认为结婚纪念日、情人节、七夕节等节日的存在就是一件矫情的事，所以不愿意为了形式而费神去准备礼物，觉得既浪费时间，又浪费钱。

事实上，仪式感并不是矫揉造作地去营造浪漫和爱意，更多的是表现出夫妻之间一种积极的生活态度，是对婚姻和爱情的认可和尊重。

注重婚姻的仪式感，体现的是对彼此的在乎：我爱你，所以，我想与你一起制造属于我们的独特时光。

婚姻里的仪式感，会把夫妻暂时从家庭的一地鸡毛中抽离出来，从"孩子他爸""孩子他妈"的角色转换为恋人角色，去感受属于夫妻二人的爱与幸福。

婚姻也需要一些仪式感来制造新鲜感，让彼此既有时间去回忆过往的美好经历，也有时间分享彼此的新变化，如此一来，夫妻双方都会把这种幸福的感觉与对方相连。

女人，请你记住，别再让对方用"老夫老妻"来打发你，更别再用"老夫老妻"来打发自己了。

无论如何，面对婚姻都要认真对待，真爱与否唯有用心体会才能发现。相爱容易，婚姻不易。

第二章

婚姻经营：幸福的婚姻有法可循

摆脱原生家庭的不利影响，婚姻这样经营才能幸福

文 / 赵捕头

个体心理学奠基人阿德勒说，生命的一切问题都可以归于三大类：同伴、两性、职业。

有位朋友说，我个人判断阿德勒是按照人的活动场所的关系来分类的，但是我按照人由内心到外延，也把人一生经历的关系划分为三大类：自己和自己的关系、自己和伴侣（恋人）的关系、自己和社会（职场）的关系。

今天，她带着自己的故事来到这里，讲述自己从缺爱的女孩到内心强大、精神独立的女人，从经历了问题满满的婚姻到拥有了幸福美满的爱情，希望带给大家一些启发和帮助。

一生下来，就被剥夺了当孩子的权利

我家有五个孩子，我是老大，承担着家里的各种家务，和父母

不在时作为"替补父母"的角色。从 6 岁开始，我就学会了做饭，照顾弟弟妹妹。

上初中后，父母便终日在外工作，我在家里守护着弟弟妹妹。我的爸妈就是那种，对赞美超级吝啬，又秉承棍棒底下出孝子理念的放养式父母。

后来，父亲去世，把弟弟妹妹托付给我，这注定了我一直操心的命运。

最困难的时候，弟弟在广州打工，打电话跟我说身上没钱了，我摸着身上仅有的 50 元钱，去银行里给弟弟汇款。银行工作人员有点疑惑，再次确认说，你就寄 50 元吗？我很窘迫地说：是的。

妹妹们结婚都很早，父母说婚姻自由，自由到无人问津。

这一点也是我一直无法原谅母亲的地方，我们对来例假、交男朋友、怀孕等事情都不懂。妈妈教育的缺失，让我们在青春期的那些年里，吃了很多苦。

这样的童年——早熟，没有人看护，给我带来的好处是独立、组织能力极强、不怕事、肯担责，短板就是缺爱、霸道、独断。

这在我日后的岁月里，一直被验证。

原谅了妈妈，告别了过去的自己

在我的生活里，母亲这个角色是缺失的。

30 岁的时候，我发现自己一无所有，没房，没车，没存款，没男人。

我把这一切都怪罪在母亲身上。

30多岁以后，我的内心认定我是自己的主人，以后所有种种都是我自己的，就算是苦、是错都是我自己的。

从那时起，我再也没有抱怨过原生家庭的影响，反而感谢老天给了我这样的安排，让我坚强，让我面对真实的自己，让我在遇到困难时觉得不过如此，能够迎难而上。

人只有到了改变命运或面临生死的时候，才会产生一股力量，去挑战"本性难移""人的命天注定"这样的如咒语般的环境，大概也只有在这样的时候，才能逼着自己去改变。

今年九月份，我们老家所在的地方拆迁，几家亲戚全部来凑热闹。面对金钱和利益，人性里的恶暴露无遗。

但，也是在这种时候，妈妈果断保护了我们。面对那些叔叔伯伯，妈妈说："没有我们的，就算了。有，我们就要。我最大的财富，就是这五个孩子。"

尽管妈妈平时只顾自己，但在那一刻，我明白了，她只是把我们藏在了心里，我们做的一切，她都懂。

后来，妈妈表达了对我们的歉意，也很难得地承认自己的自私和不担当。亲情就是那么的微妙，68岁的妈妈完成了她自己的蜕变。

而我，也彻底完成了和原生家庭的和解。

二婚的先生

遇到我先生时，我30多岁了，如果早一点遇到他，我没法处理好我俩的关系。就在那一年，我才完成了心理上跟原生家庭的剥离。

先生是二婚，有一个女儿跟前妻住在另外一个城市里。我认识他的时候，他离婚一年多，孩子一岁多。

我非常清楚他的状况，他也很坦诚。我们聊了一天一夜，他跟我分享了这么多年来他的生活，我也基本了解了他为何离婚，以及他与前妻之间的问题。

我们现在偶尔还回忆起刚开始对彼此的诉求，他说他不要吵架，我说我不要刷碗。

同时，我以为我做好了跟他共同面对问题的准备。然而，生活还是一个"化各种神奇为腐朽"的大师。

除了爱情甜蜜、性生活和谐、彼此共同努力、价值观比较一致外，矛盾也有不少，而且几乎所有的矛盾全集中在他那里，因为我的身心都是腾空的，很干净。

那时候，他的孩子还小，经常生病。刚开始，孩子一生病，他招呼都不打就走了，一点都不照顾我的情绪。

在遇到事情要跟我商议这件事上，我们花了好大的工夫来沟通。当时，我好多次强忍着才没有骂他，微信里明明写的是"滚"，但是我没有发出去……

关于我们家的共同存款，先生貌似还没有从他前一段婚姻的阴影里走出来，当然也有当时工资并不多的原因，致使我多次跟他谈家庭理财这件事，他都无法接受。

女人需要的体贴，他其实做得也不够好。比如我生病了，他就会特别"直男"地说："哦，那怎么办？我又不是医生。"这句话是在描述客观事实，但听起来是真的让人生气。

甚至在我们两人结婚之初，发生了一件很极端的事。我给我先生发微信，他的前妻看到了，以至于我先生认为我不应该在那个时候给他发微信。

那天我刚好在弟弟家，弟弟问我："姐，你是第三者吗？"

从之前的种种折磨到现在，家庭基金和沟通体系才慢慢建立起来。

先生现在工作上比较出色，对我也很细心。他会做家务，也会帮我缝衣服，裙子开边的线都是他帮我缝，我的内衣基本上也都是他帮我洗。

我怕黑，入睡难，有时他也会讲故事哄我睡觉。在亲密关系上，男人只顾自己感受的事情，在我家没有再发生。

我也会跟他撒娇，给他倒洗脚水。他偶尔应酬喝多了，我会帮他擦洗，顺便对着他的屁股踢几脚。

有朋友说："你们是我的朋友里最幸福的一对。"我也知道婚姻幸福的人不多。但我也深信，一定有！

不管我以后有什么变化，我都会好好爱自己，因为这是一个局部和全局的问题。婚姻不等于人生，我不会把自己的一切只绑定在一件事上。

虽然我们很相爱，但是各自也比较独立。其实我是个"黏人精"，但是我控制了自己。

那么，我是怎么做的呢？这里是我的七大甜蜜法宝。

1. 把"我想打死你"换成"我想你"

态度上是以柔克刚，多温柔撒娇，少抱怨哭泣。如果他不在身边你又感觉很需要他，把"你怎么这样对待我"换成"我很想你"。

2. 男人是动作人类，女人是语言人类

想改变男人的动作，就要先自己付出行动，相应地，男人想优化跟女人的关系，就要多理解并表达女人的语言。

用一件小事来训练。比如我哭了，他不知道递纸巾。我们俩就坐在那儿，我假装哭，让他递纸巾，我再假装哭，他再递，反复练习几次。就是要直接告诉他，你的诉求。

3. 深刻理解他

深到什么程度？在我第一次见到婆婆的时候，她拉着我的手说，自己如何含辛茹苦地抚养她的几个孩子，公公如何不作为，等等，还举了很多证明我公公不顾家的事例。当时，我并没有意识到这些对我的婚姻会有什么影响。

直到我在跟先生的婚姻里屡屡受到"冷遇"的时候，我才开始观察他，深度地了解他。

经过了解，我发现老公对亲密关系的认识有着很大的缺失。他没有从父母那里看到夫妻应该如何相处，这才有了婆婆见我第一面时的那一幕。而婆婆没有跟公公去和解，没有找到解决问题的方法，这使得生活在这样的家庭里的先生，没有看到夫妻如何相处、遇到问题要以什么样的态度去解决。

我找到了自己梳理出来的这件事情的理解和处理逻辑，并在一个深夜，关上灯，跟先生进行了一次长谈。我把自己的分析跟先生

分享，并告诉他，我理解他了，说我现在不觉得他不关心我是真的不关心我，只是不知道怎么去做。

那一夜之后，我们的关系里有了一些知己和朋友的成分，先生也感受到了我的用心，后来也逐渐建立了家里的沟通机制。

美国著名婚恋情感专家约翰·格雷，在代表作《男人来自火星，女人来自金星》中做了一个统计，关于在婚姻的成分里友情有多重要。数据显示，有友情的婚姻的持续时间是 10 ～ 12 年，没有的是 5 ～ 7 年。

4. 直接沟通，不要演内心戏，不要让男人猜

我们女人很多时候，总是逮住一个朋友就哭诉自己的老公如何如何，却从来不会真正和老公沟通。这样的结果就是：自己内心里演了几十集电视剧，但老公好像才把电视打开。

这对于处理问题没有丝毫作用，自己还生了一顿闷气。长此以往，这种内耗会毁掉婚姻。

5. 在婚姻中一定要培养"我们"这个概念

不管什么情况下，夫妻关系放第一位，从语言到行动，强化"我们"的概念。除了夫妻之外的父母、孩子、兄弟姐妹，都是"他们"，只有夫妻是"我们"。

6. 抓主要矛盾

处理事情时，牢记你想要的结果是什么，千万不要被其他的细枝末节影响到你想要的结果。比如在婆媳关系的处理上，不管你的妯娌或其他人说了什么，都不要因此决定你的态度，千万不要让偏听偏信影响了你和婆婆的关系。

7. 设立边界线

我不同意在婚姻里一方一味地迁就对方，尤其越是在比较复杂的婚姻状态中，越要有边界感。

我特别同意桥水基金的创始人瑞·达利欧在《原则》里说的，要一步步地铺设好原则，表明自己的边界线。

比如我自己，面对他的孩子，他要接受我什么都不做是正常的，做了就是善良的，因为我们不能自诩为"圣母"，我们也要承认正常的人性。

比较清晰地让对方知道你的边界在哪里。有些可以有弹性，但不能放弃。

最后，做这一切的基础是耐心。着急没有用，事物发展自有其规律，何况是面对习惯、人心、性格等这么重要而固执的因素。

柏拉图说："耐心是一切智慧的源泉。"这句话对我帮助很大。

古人说"三思而后行"，马云说很多人倒在明天，其实后天就有光明了。

有时我们也会怀疑自己的选择，其实仔细思考一下你就会明白，你的选择恰巧反映你的需要，如果结果不好，要考虑的是，是不是自己的诉求哪里出了问题，需不需要调整一下自己内心最真实的诉求。

我们每个人都在摸索，都在建设自己完整的模样，但其实我们的模样就像一个有缺口的"C"。

我们在跟另一个人建立浪漫关系时，都想要寻找完美的"O"。

但其实我们都是不完美的。最好的伴侣关系，一是向外寻求，补充自己不足的"C"的缺口，向"O"靠近，而不是单向地向另一个"C"索取，期盼他给你"O"的反应。二是两个"C"都承认自己是"C"，成就彼此的"O"。

我特别感谢我的先生，在我学习心理学的时候，他说了一句特别有高度的话："我觉得我的事业来得够晚的了，你的更晚，就在心理学上。"

现在，我特别感恩以上经历，如果不是儿时的独立，如果不是父亲的重托，如果不是母亲冷漠的散养，如果不是与先生面对那么多坎坷，也没有这样一个有爱、自信而勇敢坚持到今天的我。

没有怨恨，只有面对、感恩，相信老天自有安排，相信努力终有结果。

希望你们感受到的是穿越泥沼，归来已经充满生命香气的人生。

步入婚姻前，最重要的考量因素是什么

文 / 肖璐

最近有个朋友跟我说，因为到了适婚年龄，家里人催婚催得紧，自己也怕过了最佳的生育年龄，所以想结婚了。

但让她很头疼的是，她正面临着两个截然不同的对象的追求，她不知道该如何选择。

她觉得两个人都有她喜欢和欣赏的地方，但不知道谁更适合和自己一起进入婚姻。

更让她头疼的是，这两个选择是截然相反的类型。

A是一个体贴周到的男人，对她很热情，也很会哄她开心。精心准备的礼物、提前准备的节日约会，让她觉得他是一个很懂得浪漫和喜欢精致生活的人。但他的性格比较像小孩子，享乐主义，在事业上没有太大的野心，不太懂得规划未来的生活，虽然收入过得去，但没有积蓄，也不考虑买房，觉得生活就应该快乐至上。但和他在一起很开心，会让人暂时忘却生活的烦恼，体验到感情中有活力和激情的一面。

而 B 则恰恰相反。B 性格比较沉闷，在一起时两个人没什么话说，可是能感觉到他是个可靠踏实的人，对工作和家人都非常负责，事事懂得提前规划，觉得有积蓄、有保险、有房子才是稳妥的人生。虽然她对 B 没有太强烈的感觉，也知道跟他在一起，不会像和 A 在一起时那样有激情，但是会感到踏实和安全。而且两个人从事的行业相同，如果一起经营事业，也会是很好的搭档。

她说她根本不知道怎么选，因为两个人都有让她心动的地方。

这大概是很多人都会遇到的问题。在爱情里，我们常常不知道自己到底想要什么，不知道该怎么选。

这其实是一个"婚姻动机"的问题：你到底是为什么而走入婚姻？婚姻和爱情对你来说是一种什么样的存在？

婚姻的本质

现代社会中，越来越多人认为，浪漫爱情是婚姻的必需条件，如果一个人不能让我们有激情和心跳的感觉，我们就不应该和他结婚。

但令人惊讶的是，这是近 50 年来才出现的新观念。也就是说，坚持浪漫和激情作为婚姻前提的历史也才只有半个世纪。

纵观人类发展的历史，在此之前，人们选择进入婚姻的择偶标准，和浪漫爱情没有多大关系，人类的婚配有着政治的、经济的、实用的和家庭集体的原因，而唯独不会因为彼此相爱而结合的。

也就是说，婚姻的本质是一种契约关系，进入这个契约的双方，就要为共同的利益和约定进行合作，为这个利益共同体付出自己的一部分东西，也从这个关系里取走自己需要的那一部分，互通有无。这实质上是一种交换和供需的平衡。

婚姻中的双方，有付出也有得到，都能感觉到这个关系是有益于自己的，于是愿意长久地维持在这样一个关系中。

所以能在一段婚姻中，搞清楚你能得到什么，又能给出什么，就显得尤其重要。

经济学家薛兆丰说，谈恋爱之所以很难撮合，正是因为谈恋爱的本质就是一种物物交换：我喜欢的刚好你有，你喜欢的刚好我也有，而这种"刚好"具有一定的偶然性。

婚姻的选择一般遵循哪些原则

我们在选择共同进入婚姻的对象时，都会有自己的考量：我最喜欢对方身上的什么品质？最看重他哪一点？是让我脸红心跳的刺激感，还是有责任感？是善良、有爱心、不注重物质，还是收入稳定、社会地位高、家庭背景好？是对我非常包容体贴，还是和我在很多事情上的看法一致，容易产生精神共鸣？

这些考量其实都遵循了一定的原则，大致上会有以下几种原则。

快乐原则：激情之爱

沉浸在这种情感中的人会体验到对伴侣强烈的渴望，伴随着生理唤起、急促的呼吸和剧烈的心跳，会让人产生极大的满足感和狂喜的心情，有一种不可抑制的念头。这是亲密情感中最有激情和动力的感受，也是俗称的"浪漫爱情"。

这种关系常见于热恋阶段。强烈的感情唤起会让人忽视理性，不计较后果地追求当下的快乐，伴随着一定程度的理想化和盲目。

但这种情感的强烈程度一般会随着时间的推移而逐渐消退，并不能持续和保持长久。有的人会因为激情的逐渐消退而走向"伴侣之爱"。

相伴原则：伴侣之爱

相比起激情之爱，遵循相伴原则的伴侣之爱更加稳定和恒常。两人的感情建立在互相陪伴、长期互相付出的基础上，这样的情感更像是一种亲情或者友谊。有家的温暖，却比较平淡，没有太强烈的激情，但生活中能互相合作，相互扶持，有一种温情的感受。

因为这种情感进入婚姻的人，需要的是一种稳定的依恋感和信任感，这种关系也常见于得以长久维持下去的婚姻关系中。

安全原则：现实之爱

这种情况多见于从前男女地位不平等，女性需要依附于男性的时期。女性的经济能力不如男性，所以会选择和物质资源丰厚的男性缔结婚姻，这样可以使她们自身的生活得到保障，这是一种基于安全和自我保护需要的选择。而男性也可能因为在生活上需要一个照顾自己的人，而用自己的经济基础去换取一个"贤妻良母"，替自己料理生活。

这种性质的婚姻多是基于现实原则，非常理性，所以亲密和激情的因素很少，两个人仅仅只是在一起搭伙过日子。但这种合作可以让彼此之间都受益，所以婚姻里的双方也可以保持忠诚，就像在一起开一家公司，两个人都是股东。

这种关系也常见于从前包办婚姻的初始阶段，也可能出现在一段亲密和激情都消耗殆尽的婚姻关系中。

适合的婚姻就是匹配彼此的需求

最理想的婚姻当然是对方具备一切你想要的品质，而你也刚好是对方所期待的样子。但那样的感情是罕有的，是一种比较理想化的状态，遇见的概率也很小。

所以当我们面对一段不那么完美的关系时，搞清楚自己和对方的需求，而且有所取舍就变得很重要。两个人进入婚姻的动机和需求是匹配的，那么这段婚姻就是合适的。

很多婚姻的破裂，就是夫妻关系上的定位不清导致的，有时候我们既期待丈夫威严能干，又想要他浪漫风趣；想要妻子干练体面，又期待她温柔顺从。但实际上这些特质满足的是我们的不同需求，在同一个人身上寻找是矛盾冲突的。

甚至有时候为了讨好对方，我们会伪装成伴侣想要的样子，人为地割裂了自己，努力变成伴侣期待的样子，而失去了自己真实的模样，最后也并不能使对方满意。还不如索性做真实的自己，让彼此清楚地知道我们有什么，对方要什么。

带着孩子再婚的女人，如何创造理想的幸福婚姻

文 / 青璇

30 岁的我，离婚了，带着不满一岁的儿子。

我妈知道我离婚的事情后，整夜整夜睡不着觉。她想的是，我带着个孩子，怎么再找一个条件好的老公？再婚的老公如果对儿子不好怎么办？我爸则一直吧嗒吧嗒地抽着烟，知道木已成舟之后，说我跟前夫那样不靠谱的人离了也好，就一个人带着孩子过，老爸帮你一起撑着。

我知道，未来会更艰难，但不管是否会再婚，我都会努力让自己和儿子过得幸福。

2014 年，我遇到了我现在的先生，在相互了解了半年之后，我们确定了恋爱关系，三年后便结婚了。

因为是带着孩子的再婚家庭，从一开始就混合了各种纷繁的关系，所以磨合期来得更快、更猛。

我们俩都在这个过程中痛苦、迷茫，甚至一度想放弃。如今回想那些岁月，虽然痛，但是弥足珍贵。

没有经历过考验的婚姻，都不足以称之为稳固。

很多妹子说：老公好不好，生个孩子就知道了。这是因为生孩子之前，我们都还算自由，没有需要二十四小时看护的"小东西"占用你的时间，没有"四脚吞金兽"吞噬你的金钱，没有婆媳姑姨的关系消耗你们的感情。顶多就是生日吃什么、纪念日送什么之类鸡零狗碎的小事情。

我们倒好，刚一结婚，直接就进入了全家人一起养孩子这样一种复杂又尴尬的境地。

但是不得不承认，那是我们彼此成长最快的一年——无休止的吵架考验着两人的感情，各种现实困难逼得我们不断提升解决问题的能力，那些被解决了的问题和共渡难关的经历才进一步夯实了我们的婚姻基础。

我跟先生结婚八年，这两年的状态越来越好，这些不只是运气，更多的是靠经营。

回想我们走过的这些年，我自己走了很多弯路，也积累了一些经验，希望分享给大家，如果你们有第二次婚姻，帮助你们更好地从中获得幸福。

反思上一段婚姻的问题，吸取经验教训

婚姻失败，一定不只是一个人的原因。

不管离婚后你是选择单身还是再婚，你都需要调整自己、反思自己，认真总结经验、吸取教训，确保以后不会再犯类似的错误，

这样才能在下一段婚姻中收获幸福。

我自己的问题主要有三点。

一是结婚之前对对方了解不够。虽然恋爱谈了很久，却一直处于一起吃吃喝喝玩玩的层面上，很少认真、深入地去了解对方的原生家庭、个人成长史等。

二是结婚之后顺其自然地就生了孩子，并没有做好充分的准备，比如孩子生了谁带，有婆媳矛盾了怎么办，如果伴侣负不起父亲的责任怎么办，等等。

三是婚姻出现问题之后，我自己解决问题的能力不够。很多时候，小事情被我搞大，大事情被我搞得无法收场。感情这个东西就是这样，一旦被消耗掉就不好修补了，补不好是个坑，补好了也是个疤。

宁愿辛苦地单身，也不要凑合地再婚

有些女性刚刚经历了不幸的婚姻，感情遭受了重创，内心空虚，急需关怀。这种时候如果有人对你示好，那你就要特别小心，往往这类感情都是虚幻的。就像我们在沙漠里久日无水，突然有人给了你一瓢洗澡水喝，你会觉得食之如甘露，但是正常情况下我们一尝就知道，这水品质不佳，还隐约透出一股子异味。

还有些女性觉得，一个人带孩子太辛苦了，就想凑合着找个伴一起来养孩子，这样能减轻自己的负担。

我非常反对这样的做法，人生实苦，不在这里苦，就会在那里苦，不在现在苦，就会在未来苦，全看个人的选择。选择现在苦，你只苦在一个人带孩子，一个人赚钱；选择未来苦，你可能要苦在一个人带好几个孩子，一个人养全家，万一再碰上一个家暴、出轨的老公，你难道要再离一次婚吗？

都说吃一堑，长一智，再婚一定要擦亮眼睛，认认真真地选择一个良人。

爱情是解决一切困难的原动力

很多女性选择再婚对象，首要条件是对自己的孩子好，这其实是本末倒置。因为他只有爱你，才有可能对你的孩子好。

养育过孩子的父母都知道，带娃是一件极其考验耐心、智商和体力的苦活。我们都是普通人，将心比心，让你对一个没有血缘关系的孩子表现出发自肺腑的爱，没有对孩子父亲（母亲）的真爱做支撑，何以为继呢？

婚姻本就艰难，再婚家庭更是难上加难。

我跟先生曾经因为孩子的教育方式吵架，因为我母亲跟他闹得不愉快而吵架，因为吃饭口味不同吵架，甚至因为晾衣服的方式吵架……吵到严重的时候，彼此都想着，要不然算了？反正也不是没有对方就活不下去。

但是每次冷静之后又觉得，如果自己改变一点点，两人在一起也许就能获得更大的幸福。

于是我们努力改变沟通方式，提升解决问题的能力。

人与人之间的关系就是这样，当你先改变了，你会发现对方也在悄然改变，于是婚姻就进入了良性循环。

信任是再婚家庭最重要的基础，没有之一

再婚家庭最复杂的问题是如何对待伴侣在上一段婚姻中拥有的孩子，非血缘关系的父母真心不好做。不管，怕对方觉得你不上心；管得严一点，又怕被对方臆测自己虐待孩子。这个度很难把握。

每个人的教育理念和方法各异，标准也不一样。既然你选择了对方，就要充分信任对方，任何事情一定不要先预设立场。

有一次我跟先生带孩子出去旅游，孩子想买玩具，因为家里刚买过类似的，先生就觉得不应该买，而我觉得既然出来玩，就是要让孩子开心，想买就买。为这件小事我俩拌了几句嘴，他特别生气，甚至说出要分手的话来。

我当时觉得很奇怪，为这点小事至于吗？静下来一想后，我就知道问题出在哪里。

于是跟他说了这番话："亲爱的，我从来没有怀疑过你对孩子的爱与责任，无论我多么不赞同你的观点和方法，都不影响我认可你是为了孩子好。当初我选择跟你在一起，就是爱你的人，欣赏你的人品，所以，你也要相信我对你的信任。"

虽然当时他嘴上没说什么，但是我看得出来，他心里一下子就释怀了。

从此我们再也没有为类似的事情吵过架，当然，因为教育方式的争论仍然是我们的日常。

为对方多考虑，才是婚姻能长久幸福的保障

想想我们自己希望跟什么样的人共度一生？

是不是时时把你放在心上，把你的感受放在第一位，做任何决定都为你的利益考虑的人？

如果真的遇到这样的人，你是心安理得地享受，还是会投桃报李。排除少部分特别自私的人，我相信大多数的人还是会选择有所回报的。

我们结婚前先生就说，如果我不想再生孩子就不生，大宝就是我们唯一的孩子。但是我知道，他内心非常渴望拥有自己的孩子，所以我很坚定地生了二宝，先生非常感动。他更加努力地工作，时刻警醒自己对两个孩子是否一碗水端平，对我的父母也更加包容爱护。小家庭有了二宝后，更加和谐幸福了。

我们家的房子、车子、存款（婚前婚后都有）全部在我名下，先生的工资也全部上交给我，先生说他不需要，因为如果我俩分开，他是更有能力赚钱的那一方。

我说不，这些都是我们夫妻的共同财产，房产证上也要加上他的名字。虽然最终并未去变更加名，但是他心里知道，我在为他的权益考虑。他也知道，无论他为家庭付出多少，我都会公平地对待他。

当心灵有了归宿，灵魂有了依靠，付出一切就变得甘之如饴了。

人到中年就应该知道，世界上并不存在那个对的人，也没有什么天作之合，童话里真的都是骗人的。认清事实才是我们成年人生活的准则。

罗曼·罗兰说："世界上只有一种真正的英雄主义，那就是在认识生活的真相后依然热爱生活。"

婚姻也是如此，我们要在认清了婚姻的真相之后仍然相信婚姻，在知道了对方的缺点之后还想和他在一起，在明知道困难重重的前提下依然勇敢前行。

生活会奖励勇者，时间会善待智者。愿我们都在未来的时光里，珍惜遇到的人，让自己成为对的人！

夫妻相处根本问题大曝光：孩子才是婚姻关系的试金石

文 / 夏一丹

放学回家，总要玩上一两个小时才能开始做作业；

动不动就发脾气、摔门、扔东西；

只要和他说点啥，他立马就换上一脸嫌弃不耐烦的表情；

……

看着十岁的儿子越来越不对劲的表现，小丽急了，小丽的老公张鹏也急了。

迫不得已，小丽、张鹏和儿子一起，坐在了心理咨询师面前。

但是，心理咨询进行到第三次时，小丽和张鹏就发现，孩子的问题，症结竟然在他们两个人的亲密关系上。

那一天，小丽想：该还的，终究要还啊！

平静的关系下面，藏着一个黑洞

那年，两个公司搞联谊活动，张鹏对小丽一见钟情。小丽有些犹豫，但因为觉得没有更好的选择，加上张鹏追得紧，所以她也就顺势留在了这段关系里。

恋爱期间，小丽有一回被新来的上司堵在茶水间说要谈谈心，她急中生智避开了。想着息事宁人的她并没声张，却不料有一天上班时，刚进办公室就被上司的太太一巴掌打了过来。

当时，是男同事施凡过来替自己解了围。小丽随后就给张鹏打电话，他虽然气愤，却只是瓮声瓮气地说了句："我想想怎么办。"

之后，便挂了电话。

小丽当然心里不舒服，可转头一想觉得这件事确实不好办。后来，她收到了调回总部的通知，这场风波也就这么过去了。

但她和施凡的关系，却在这之后有些特别了。虽未有出格的行为，她却总觉得自己对施凡多了几分信赖。

结婚两个月后的一天晚上，张鹏从单位加班回来，手上小心翼翼地提着小丽喜欢吃的麻辣烫，却在楼道口看见施凡从自己家中走出来。

他顿时就蒙了。

一丝慌乱后，小丽平静地解释："我的一个重要文件被误删了，情急之下，我请他过来帮我，其他什么也没发生。"

张鹏难以接受："你找谁帮忙都可以，为什么非要找他？"

半晌，小丽冷冷道："我找你，你会帮我吗？"

张鹏瞬时不说话了。

结婚 11 年，两个人类似的矛盾发生了一次又一次，事情并不一样，但感受总是相同。

小丽觉得，遇事时，张鹏这个老公并不怎么可靠；张鹏则感觉，自己在小丽心目中的分量甚至不如她的一个男同事。

只是，小丽觉得，张鹏也没有太多可指摘的地方：家里的钱虽然不归自己管，但他也没乱钱；虽然总在外面吃饭喝酒，但也没有什么绯闻。

何况，他对小丽也有很多做得很好的地方：她爱吃的东西，他全部记在心上，随时为她买来；她要是生理期，他就会给她准备好红糖水；她要外出，只要有空，他随时接送。

每每感觉失落、无趣时，小丽就会想：人无完人，过日子嘛，有时候要糊涂一些，不能要求太高。

所以，他们的婚姻时常会被一些事情割伤，但又能很快用一些温馨的日常给粘起来。

如果不是这次为儿子进行心理咨询，小丽和张鹏都还认为，他们是一对算得上恩爱和谐的夫妻，根本没有意识到，在这份稳定祥和的关系之下，其实藏着一个黑洞。

藏在洞里的，是两个人的伤。

他们更没有想到，他们不曾留意的伤，最后都要由孩子来扛。

孩子是婚姻关系的试金石

儿子小海对小丽非常依赖。

小海即使已经 10 岁了，却从来不敢自己睡觉，不管多晚，一定要妈妈陪；行为上也很难自律，要么就不断地磨蹭，要么就找各种借口玩手机，更谈不上积极主动地去学习。小丽为此很心烦。

在咨询中，小丽不承认，她对孩子的态度里，暗藏着对老公张鹏的不满甚至轻视。

"平时的小事他对我很周全，但我真的需要他帮忙时，我就感觉他离我很远。所以每次我都会想，我不要求他帮我什么，我要自己靠自己。"

张鹏对小丽暗中的想法也了然，两个人默契地保持着距离。明面上，两个人互相尊重，相安无事，但是很难管理好暗地里情绪的泄露。

小丽对小海的需求很不敏感，当意识到了的时候，却又反应过度；而张鹏对小海看起来关心备至，但一旦小海不听从他的意见，他就会动怒。

渐渐地，小海的行为也失控了。

那天早晨，小海起床后，皱着眉头说肚子疼、头晕。

小丽担心他是因为没完成作业心里畏惧，在以这种方式躲避；张鹏觉得既然孩子说不舒服，就该请假去看病。可小丽认为，即使孩子真的不舒服，也不一定非要上医院去，可以在家观察；而张鹏又说，若是没有医生的病假条，小海的学校是不会批假的。

夫妻俩在"拉锯"时，小海捂着肚子在边上默默地淌起了眼泪。终于，小丽和张鹏达成了暂时的"共识"，让小海先在家休息，等中午时分再让张鹏回来带孩子去医院。

中午，当张鹏急急忙忙赶回家时，却见家里的电视机上播放着动画片，餐桌上还有好几个没来得及扔掉的冰激凌空包装袋，一碗方便面没有吃完已经凉了。

张鹏忍着怒气让小海换衣服跟自己走，小海却不愿意去，还理直气壮地说："妈妈说过了，不用去医院！"

正在这时，小丽的电话打了过来，问："医院去了吗？"张鹏的火立即朝她撒了过去："不是你说的不一定要去医院吗？现在他不肯去，你说怎么办吧！"

小丽直接把电话挂断了。否则，她怕自己身上的每一个细胞，都会咆哮出来："你这个无能又无用的男人！"

而在家中拿小海无计可施的张鹏，气得一巴掌就扇在孩子脸上。那是他在自己的价值得不到认同时，绝望的呐喊。

可是孩子又何其无辜？

如果说孩子是婚姻的试金石，那么小丽和张鹏就是一对经受不起考验的夫妻：情感疏离，互有敌意，缺乏信任。

更要命的在于，他们一直在逃避面对真相，也让孩子饱受恐慌、冷落甚至暴力，逐渐陷入人生的荒芜。

夫妻之间的满意度需要不断提升

确实，有婚姻教皇之称的约翰·戈特曼说：婚姻的基本任务之一，是在丈夫和妻子之间建立"我们"意识。

说得更直接一点，就是夫妻之间一定是要一条心，要团结在一起。

当一对夫妻缺乏真正的情感连接和凝聚力时，困在其中被忽视、冷落或变相承担责任的孩子，就只好寻找漏洞来满足自己的需求，或者不得已要凭借自己小小的身心，负担起维持整个家庭表面稳定的重任。

所幸的是，小丽和张鹏都看到了真相。

北京大学心理学系硕士研究生武亚雪编译的一篇文章中说：对长期教养模式的研究发现，夫妻之间的满意度直接预测了儿童的行为问题。

这项研究发现：伴侣满意度、教养方式、父母抑郁，这三者均和儿童的行为表现相关，其中伴侣满意度可以直接预测儿童一年之后的行为表现。

我的理解是，伴侣满意度提升的话，孩子的不良行为也可能跟着被"治愈"。

我相信许许多多的夫妻，可能都有过难以释怀的伤痛。可我更相信，这份伤痛背后，有我们不曾去发现的坚韧与深深的爱。

如果人生注定是一场修行，那不妨从现在开始。

要记住，这条路，你并不孤单，更何况，前方充满了希望。

婚姻真谛：94% 的幸福婚姻，都不是我们想象的那样

文 / 云译

你理想中的婚姻是什么样的？

有人说：是尝百毒而不死。就算吵得鸡飞狗跳，第二天醒来也会互相拥抱。

有人说：是深深的理解。我在闹，他在笑；我在气，他在哄。一个眼神就心有灵犀。

有人说：是平淡的日常。回家有热菜吃，偶尔和对方说说情话，一起陪着孩子做游戏。

一千个人或许会有一千个答案，但这些答案都有一个共同点：那一定是能让你舒服的关系。

你可能会想：还用你说，我也想要过得舒服，可是这婚姻就没法让我舒服呀。

希望他上进点，他却回家就"躺尸"；

希望他洗个碗，可碗是洗了，灶台却没擦；

希望他有点情调，说说情话，奈何他是"直男"，大脑只装了一根筋；

……

能不闹心吗？

但我想说：你所认为的"舒服"可能是错的。

我的一个朋友结婚十年了，才后悔当初不珍惜。

她说：十年前，我羡慕同事的老公事业有成，给妻子买各种奢侈品；后来我才发现，同事也羡慕我老公天天回家吃饭。

五年前，我羡慕朋友是全职太太，把孩子往学校一扔，别提多爽了；后来我才知道，朋友也在羡慕我的独立和老公对我的尊重。

自从她想通这一点，看老公就顺眼多了，婚姻也变得可爱多了。

原来"舒服"并没有标准，它千奇百怪，而有的婚姻难题其实只需要转念一想，就解决了。

下面我们就来看一下，三种标准的"不舒服"的婚姻状态，又会有怎样不同的结果呢？

合伙式婚姻

刘若英说：最好的婚姻，是我在你的怀里孤独。

她在书中描述了自己婚后的"孤独"。

夫妻俩一起出门，去不同的电影院，看不同的电影。

两个人一起回家，进家门后一个往左，一个往右。

你可能无法相信，他们有各自独立的卧室和书房，只共用厨房和餐厅。

可这种"合租状态"却让他们感到幸福。没有控制，没有束缚。在彼此独立的空间里，尽情做自己；在交集的两人空间里，尽情感受亲密。

婚姻中的孤独并不可怕，可怕的是这种常见的应对方式：试图改造对方，扩大交集空间。

比如，要求对方少打些游戏，两人能多聊聊天。毕竟大家都说最可怕的婚姻就是无话可说，婚姻最重要的就是分享。

乍一听有道理，但真行动起来，费尽了心思，用尽各种办法，却无功而返。

为什么呢？

因为"试图改造对方，扩大交集空间"最常见的结果就是：你们都失去了独立空间，没办法做自己；同时，你们不甘不愿地待在交集空间中，不仅享受不了亲密，还不断增加冲突。

简单来说，你的舒服如果是以对方的不舒服为代价的，那他一定也会让你不那么舒服。

你看，"舒服"不是个单选题，而是双选题——要么双输，要么双赢。

拐杖式婚姻

又作又懒，还有点"巨婴"的女人，婚姻会幸福吗？

会！她会被老公宠上天。

某男星曾在综艺中吐槽过自己的老婆：

"老婆可以二十四小时躺在床上，躺到脊椎疼才坐起来缓解一下；懒到一个月可以不洗头，'生命在于静止'就是她的座右铭。"

大家问："你不会讨厌她、骂她吗？"

他眼神中有些心酸，小声说："我哪敢？"

他老婆到底有多黏他呢？

有时，他兴致勃勃地想玩局游戏，屁股还没坐热，耳边就传来老婆的呼叫。

一大早，老婆就喊了他 50 多次，一会儿要粉扑，一会儿要 45 摄氏度的热水。

他一边为老婆的"化妆事业"奔走，一边还要回答来自老婆的"送命题"：

"宝宝，你想我了吗？"

"你不喜欢我叫你吗？"

"你是不是不喜欢我这样呀？"

"我打扰到你了吗？"

"你是不是开始烦我了？"

他的不耐烦瞬间没了踪影，赶紧切换成宠溺模式，连声应："喜欢，我太喜欢了！"

这种不同寻常的相处，让网友百思不解，网友们都说他老婆"作"，让她小心别把老公作走了。

这急死了他："求大家不要再说我老婆作了，我很担心她太难过，倒霉的还是我，我要赶紧去安慰她一下。"

很多人认为自己要独立、懂事，过多的依赖会压垮对方，让婚姻不堪重负。

其实，婚姻有很多面，在这一面，一方依赖着另一方，一个愿打，一个愿挨。

在另一面，他的老婆心里却门儿清，她说：

"我很爱我老公，我觉得好的夫妻关系应该是能达到平衡的状态，就是每个人都去找这个平衡。一定要让老公有他的存在感，我觉得这样的爱情才会甜蜜。"

"舒服"不是被别人定义的平衡，不是被标准刻好尺度的测量。

它因人而异，秘诀很简单——就是他高一点，那你就低一点；他低一点，那你就高一点。

想想，还有谁能比你更了解你的枕边人呢？

朋友式婚姻

无性婚姻是种什么样的体验？

我看到过这样一个段子：

"没有性生活，我们就是家里的两尊佛。"

问："佛的象征是无欲无求吗？"

答："佛的厉害之处是怡然自得。"

听过太多因"无性"而破碎的婚姻，看到这个段子的时候，我却有了另一番思考。

知乎上有一个匿名故事。

老公因睾丸纤维化，影响了性能力，进而影响了夫妻生活。

刚开始，她也无法接受，会难过，会伤心，常常发脾气。

每次口不择言地指责老公，对方都只是沉默地接受，等她平静下来，再抱着她、安慰她。

时间慢慢过去，她才发现：性真的不一定能决定两人是亲近还是疏远。

走路时，老公总牵着她的手；老公很喜欢拥抱，总是会从后面抱住她；在街上，老公还会看看周围有没有人，然后偷偷亲她。

她说："先生爱我，就像我爱他一样，这就够了。相爱的心有多坚定，你们就有多幸福。"

输给了无性的婚姻，往往不是输在"无性"，而是输在了背后的"无交"——没有交流。

他们不仅没有性，还没有牵手、拥抱、接吻，连眼神都躲着对方，这背后是经年累积的失望和不满。

打个比方，人总会生病，关系也是如此，总会出现一些裂痕。

"舒服"不是婚姻健康，没有任何"疾病"，而是你们如何与这些"疾病"相处。

你看，"舒服"并不是满足对方的欲望和需求，而是当你们无法相互满足时，如何应对那些不满和失望。

想让婚姻舒服，先要懂这三个规律

说到这里，你可能会想：这也太复杂了，跟我到底有什么关系？

当然有！

实际上，舒服的婚姻背后的原理大致相同。

1. 共情，找到彼此的"痒点"

就像挠痒痒一样，你背上痒，他却帮你挠手臂，怎么都找不到"痒点"，如何不让人心里窝火？

找到一个能"挠好痒"的伴侣，及时准确地找到彼此的"痒点"，相处起来自然就舒服了。

曾在网上看到过一则视频，一位姑娘试探自己的老公。

她第一次伸手，老公自觉递给她一瓶水。

她第二次伸手，老公给了她一沓钱。

她第三次伸手，老公直接把手机给了她。

舒服的婚姻，就是这样被满足的体验，渴了刚好有水，困了刚好有床，饿了刚好有饭菜。

这种"刚刚好"，源自共情。首先得看见彼此是渴了，是困了，还是饿了。

2. 动态平衡，世界上唯一不变的是"变化"

什么样的婚姻最可怕呢？

是一方付出，一方索取吗？

是一方讨好，一方指责吗？

都不是，是陷入单一固定模式的关系。

就像是我们的心电图，那条线还跳动着，我们就还活着。当心电图静止了，变成一条直线，也就意味着死亡。

婚姻也是如此，你可以时常做一个小孩，撒撒娇，发发脾气，给生活加点佐料。但如果你一直都是个小孩，只索取不付出，对方只出不进，慢慢也会嫌亏，想要结束这段关系。

你可以常常讨好对方，说些好听的话，做些让对方舒服的事。但如果你一直讨好他，跪下就站不起来了，他永远低着头也会嫌累。

用"动态变化"的视角去看待彼此，才可能让婚姻一直"活"下去，发现更多的选择，生出面对眼前问题的智慧。

3. 深层次的意义，自我在关系的碰撞中形成

人类有一种核心的焦虑，被称为"存在性焦虑"。

简单来说就是——没有关系，就没有存在。

那么，他对你有什么样的意义？婚姻对你的人生有什么样的意义？

山本耀司说过一句话，颇有深意："自己"这个东西是看不见的，撞上一些别的什么，反弹回来，你才会了解"自己"。

婚姻，这种不可替代的关系，是最能让我们成为自己的途径。

而"最舒服的婚姻状态"，就是在婚姻中找到彼此独特的存在，孕育出一个全新的自己。

经营好婚姻的四个秘诀，缺一不可

文 / 郭友强

婚姻就像一座围城，里面的人想出去，外面的人想进来。

在踏入婚姻之前，两人还未把彼此看得清楚明白，只是因为彼此相恋，便想着要一直依偎在对方身边，相爱相守一辈子。

而走入婚姻殿堂后，我们才发现，结婚之前忽略的点点滴滴的生活琐事是那么令人烦恼，甜蜜过后不仅各自生厌，还都要面对来自生活的各种压力。

这时我们才发现，婚姻并不是我们婚前想象中的那样简单。

婚姻中同样有很多道理，没有经历过，也很难会明白。

女人：顾家和上进，是不能兼得的鱼和熊掌

"我不图他多有钱，就想他能顾家、对我好，又努力上进。"

闺密小曼就是抱着这样的想法，选择了与现任老公结婚。

恋爱时，小曼的老公是个上进又体贴的人，每次约会，都会给

小曼精心准备礼物，安排各种浪漫的餐厅，然后把她哄得开开心心。

小曼本以为自己遇到了对的人，结婚后会很幸福，但现实是，结婚让这段关系彻底变了味。

结婚后家里的各种开销都大了很多，于是老公开始更加努力地工作。本来这是一件好事情，但人的精力毕竟只有那么多，努力工作的同时肯定会放下一些事，于是经过一番"权衡"之后，老公"出轨"了他的工作。

家在他眼里开始变成旅馆一样的存在，他每天早出晚归，家成了仅供睡觉的地方。

生病的时候，曾经无微不至的照顾，现在变成了找不着他的人，只有微信上无力的关心。

怀孕生孩子，别人都是老公陪着，小曼却是自己一个人去产检，因为老公有重要会议无法脱身。

每次遇到这样的事情，老公总是一脸内疚，然后不了了之。

小曼也因此而抱怨或者发脾气，但是也说不出什么道理来。老公的工资卡都交给了自己，那么辛辛苦苦地工作，还不是为了这个家？于是她只能把委屈憋在心里。

男人：孩子是亲生的，但是我真的不那么爱他

如果说第三者是对婚姻关系最大的威胁，那么每个结婚的男人都注定要面对这个威胁，而且这个威胁根本不可战胜，这个"第三者"就是自己的孩子。

很多女人无法理解，明明是自己的亲生孩子，为什么男人会把孩子当成"第三者"呢？

其实男人对孩子的感情和女人相比，真的差很多。女人十月怀胎，一朝分娩，在孩子出生后，也是孩子主要的抚养者。妈妈和孩子，更像是心意相通的一个人。

而男人对于孩子的感情，更多是来自血缘关系。

我的一个同学，大学刚毕业就结婚生子了，成了一个爸爸。而他的心理年龄，还只是个大男孩，远远没有一个成年男人应有的成熟。在家庭中，妻子把全部的精力都放在了小婴儿的身上，自己父母眼中也全是刚出生的小孙子。

于是在无意识的内心世界中，他回到了自己两三岁的时候。当时家里刚刚降生了一个新生儿，两岁的他非常害怕那个孩子会夺走家里人对自己全部的爱，使家里人再也不会关注自己。

因此，深陷此情境中的男人，现在最关注的事，就是怎么把妈妈的关注夺回来，把妻子的爱夺回来。

在这个男人眼里，孩子更像是一个自己难以战胜的"情敌"。

女人：想让老公更好，最后却很难如意

最近一打开手机，总能收到朋友芊芊给我发来的信息，她一直在不停地和我控诉：

"他总觉得我烦，可我是为了他好啊。"

"我让他去多赚钱，我说错了吗？孩子从出生到上学，哪里不

要钱！"

"他经常出去应酬，天亮了才回来，这过的叫什么日子！"

"我为他好，和他说了那么多，他一点都不听，越来越让我失望。"

"你说，男人是不是婚后都会变成这样？"

男人为什么会变成这样？

在精神分析之客体关系理论中有一个解释，叫作投射性认同。在这个过程中，一个人把自己内心的情感，通过言语或非言语的信息传递给另一个人，另一个人接收到这个信息后，会很配合地变成前者认为的那个样子，然后前者再从后者身上确认，于是就证实了他最早投射出来的那些内容是存在的。

在芊芊的婚姻中，芊芊对老公不满，于是她用了很多行为方式将老公靠不住这个信息投射到老公身上。比如老公不管做什么，她都觉得不满意，她对老公的各种要求，都在暗示老公无法让她满意。慢慢地，老公就真的很配合地变得越来越让芊芊不满意，芊芊对老公的不满也就越来越多。

使用投射性认同时，往往双方都很难意识到发生了什么。很多妈妈在孩子写作业时，陪在孩子身边寸步不离，其实就是在用行为告诉孩子：你很笨，你自己没办法完成。孩子也会很配合地出现各种错误，让妈妈来辅导。这也是一个投射性认同的过程。妈妈没有意识到自己做了什么，对孩子也没有任何的恶意，但是这种奇妙的互相影响就这样发生了。

那么，如果你要让老公更符合自己的期待，你知道该怎么做了吗？

男人：我爱面子，更爱老婆给的面子

自体心理学家科胡特有一句话说得非常好："我们一生的幸福，来自我们出生时父母眼中的闪光。"

对于已婚男人来说，这闪光，就是别人给的面子，而最亮的一道光，自然来自自己的妻子。

很多妻子都知道在外面表现得小女人一些，这样能让自己的老公在外人面前有面子，但是回到了家里，就忽略了男人在家中的面子。

我的一个来访者小娟，因为一件事经常跟老公吵架。这件事她一直无法理解，那就是她太独立了，因为她的独立，老公觉得自己在这个家中特别没有存在感。

家里的灯泡坏了，老公兴冲冲地去买了一个新的，回来之后发现小娟已经换好了。

如果说能扛着一袋米上楼的女人是"女汉子"，那么小娟绝对算是个"全能女战士"，家里的大事小情，只要自己能做，她绝对不用老公帮忙。

老公不止一次对小娟说："你什么事情都自己做了，要我们男人干吗用？"

男人在家里的面子是什么？是存在感，是希望在这个家庭中，能感觉到自己很重要性，也就是可以得到妻子的肯定和夸赞，能小小地满足一下自己所谓的男人的面子。

如果小娟可以让自己不那么"独立"，学会适度地依靠老公，让老公觉得自己在妻子面前很有面子，那在遇到很多问题时，老公就会满心欢喜地冲在前面。

毕竟世间最幸福的时刻，就是看到伴侣眼中的光。

男人眼中的最佳婚姻相处方式是怎样的

文 / 茗荷

"你说明明是他出轨，凭什么要我等他半年？"

"我为这个家庭付出了这么多，他凭什么那样对我？"

在咨询或者生活当中，我经常会听到这种话。但除了心疼当下那个备受折磨的她之外，也涌起了另一种感觉——如同男性对女性的了解不足一样，我们对男性一样缺乏了解。

很多女性都停留于自己的固有认知当中无法自拔，对男性心理和想法的认识有点想当然，总觉得自己付出了那么多，却还不被珍惜，为自己感到不值。在遇到婚姻问题时，只能让自己痛苦不堪，又找不到出路。

或者，我们可以尝试直接听听男性朋友们的声音。

峰，39岁，IT行业技术岗位

如果你在以前说"出轨"，我一定会认为这对我来说绝不可能，甚至有点痛恨那种自己在外面胡来，对家庭不负责任的男人。

我从小到大，接受的都是很正向的教育，爸爸妈妈虽然经常吵吵闹闹，但父亲也没有在外面有其他女人。我从小学习就好，深受老师喜欢，大学毕业之后，跟妻子也是自由恋爱，并顺利进入了婚姻。工作虽然有点单调乏味，但至少属于知名大公司，收入还可以。

前几日我偶然间读到自己曾经写给妻子，不对，是前妻的情书，我仍然感到激动。时隔多年，我仍然能够感受到当时的我迷恋她的笑容的那份欣喜。

她是个性格很开朗的人，也很独立，各方面跟我也很匹配。

事情的变化是从有了孩子之后开始的。生完孩子之后，我忽然觉得妻子像是变了一个人一样。大多数时间想的都是孩子的吃喝拉撒，精力几乎全放在了孩子身上，对我渐渐地越来越没有耐心了，我们之间的沟通也少了。

你问我不爱孩子吗？当然不是的，孩子一天天长大，我也觉得他很可爱。可是我的心里总是觉得空落落的。加之我们的夫妻生活越来越少，我便感觉非常压抑。时隔多年之后来看，我当然知道问题出在哪里，可当时我就是觉得日子快过不下去了。

这个时候，同公司的她开始频繁陪我聊天，疏导我，安慰我，加上她确实也熟悉我的工作状态，大家自然有很多话说。

一开始我们扮演的都是相互安慰的角色，互相倾诉一些烦恼，从没有想过要做什么越轨的事情。可时间长了，一边是无法顾及我的前妻，一边是处处能理解我的她。我早已经觉察到自己的不对劲，可我安慰自己，只要没有发生性关系就不叫出轨。

第一次亲吻她的时候，我浑身都在发抖……回家的时候，我恨不得打自己几个耳光，可是，内心又涌动着一种难以言状的欣喜，仿佛是乖孩子忽然偷偷做了一点坏事的那种窃喜感。长久以来，我做乖孩子、好员工实在是太久了，我太压抑了。

离婚是我提出来的，因为我觉得遇到了世界上最理解我的那个人，为了她，我可以抛弃全世界。她也离婚了。

我们在一起了，但很快，我发现我迎来了更多的问题。我时常在深夜里想起我的孩子，好想亲手捏捏他的脸，可是出于自己的原因，我已经很久没有见过他了。我对自己的憎恨又增加了一分。

如果你现在问我感受如何，我想说的是："我以为我厌倦的是别人，其实我厌倦的是自己，前妻只不过是个无辜者。"我真心希望她和孩子都好。

云，40岁，民营企业 CEO

我应该是属于大器晚成的类型。

在创办现在这家企业之前，我做过外贸专员、房产中介、培训老师等多份工作，说得好听点是经历丰富，说得不好听其实就是瞎折腾。

当然，因为家里给不了我什么支撑，我靠自己的力量，能够创办这么一家规模不小的公司，也算是很不错的了。

但因为一直很忙碌，我的情感生活方面一直没能开花结果。我爸妈每次和我通话，都念叨着说要抱孙子，搞得我过年都不敢回家了。

我本身相貌不差，经过多年人生阅历的洗礼，我的形象气质至少也算是中等了，加上比较丰厚的经济条件，很多人都用"钻石王老五"来形容我，但我还没有碰到让我觉得可以和她结婚的女性。

除了大学的时候有个谈了五年的女朋友，算是时间很长之外，其他的女朋友一般一年左右就分手了，有时候更短。

如果你问我为什么，我很想说："累！"

我非常理解王小川所说的"公司不上市，就不找女朋友"。真的，当你心里面全是"如何在这个社会上好好立足""我要怎样再拿下一个客户"这种念头的时候，你真的很难做到温柔耐心地对待身边的人。

很多时候我回家后只想睡觉，但她要我陪她看电影，我硬着头皮陪，经常是看着看着就睡着了，弄得她很不开心。这种事情多了，渐渐地，感情就受到了影响。

但我的经济条件越来越好，愿意给我张罗的人也多了。我通过中介和熟人介绍见过一些相亲对象，也与一些女性相处过。

但我发现自己的问题在于，我实在是应付不来那种"矫情"的女生。

我需要的是一个大气独立、具有同理心、能独当一面的伴侣，而不是一个因为过生日忘记买礼物就几天不理我，沉迷在各种不切实际的爱情幻想中的女孩。

我发现，符合我要求的女性大多是已婚女性，这让我的选择范围越来越窄。

林，32 岁，国企中层管理者

我从小是在混班制的班级中学习的，低年级和高年级在一个教室里。但就是这种条件，我还是顺利考上了省内最好的 985 大学。

因为从小干农活，我很勤快，也愿意承担，所以我在公司里的口碑很好。

我的老婆是官宦之家出身，人长得漂亮，身材也好，性格好，很单纯。我是花了很大心思才追到她。我们结婚之后，如我预料，我在公司中很快就平步青云。

可能很多人会说我是"凤凰男"，但我认为这跟女人找经济条件好的男人一样，是人之本能，没有什么可耻的。

但令我苦恼的是，随着职位的上升、工作的忙碌，老婆对于我的信任在逐渐降低。她经常翻看我的手机，甚至和我的朋友聊天。有时候忙于应酬，没能及时接到她的电话或者回复她的微信，然后一回家她就会数落我。

其实我的工资卡已经上交了，只要是有时间都会回家陪孩子，已经是力所能及地在照顾家庭了。但是，我好像离她的期望还是很遥远。

我知道老婆为整个家庭付出了很多，如果不是她，我这些年事业上不会这么顺利。我曾经给她提过建议，希望她把自己的生活弄得丰富一些，不要一直盯着我和孩子。但是没有用，家好像成了她的战场，不容许我发表建议。

我去踢球，应酬，或者是回家陪陪父母，她都要给我脸色看。

我知道她心地善良，也关心我，但是现在我一回家，就有一种"坐牢"的感觉。看到我的儿子和妻子抗争无效的时候，我相信儿子对我也是感同身受的。

我也不知道当年那个自信、喜欢笑的妻子去了哪里。我好担心，哪一天我会做出对不起家庭的事情来。

写给女性的话

听这些男性吐露心声的时候，我有一种感觉，男人既不像我们所想的那样，是传说中的盖世英雄，会踩着七彩云来拯救我们，也不像很多女人口中所说的那样，是"只会用下半身来思考的动物"。

他们选择伴侣或者是跟伴侣相处的过程，也是一个逐步学习和进步的过程。

他们自我承担和选择的意识很强，这点是值得学习的。他们知道自己在社会上和生活上的状态，是要靠自己去奋斗，这是没有退路的。无论是好的工作，还是对自己有所助益的伴侣，都需要靠自己去争取。

他们和女性一样，深深地渴望伴侣的理解和帮助。无论是处在什么状态中的男性，对于理解和认同的需求都从未停止过。

现代社会，无论是对工作倾注更大心血，还是对家庭关注更多，都不是一个简单的活，大家普遍地感到焦虑和疲惫。

这个时候，男人会非常希望伴侣之间能够相互支持，而不是相互指责。好性格的女性，对男性吸引力很大。

他们更愿意看到一个快乐轻松的妻子，而不是一个充满抱怨和焦虑的妻子。

男性们经常提到的一句话是"她实在是太喜欢抱怨和指责了"。

很多男性都反映，听着妈妈的唠叨就已经让自己够烦的了，妻子如果也一样，他们就只能感受到压力，并且急切想要逃避。

他们更希望，妻子能带着享受的心生活，愿意做家务就做一些，如果不愿意，外包或者其他办法都可以考虑。在育儿问题上，爸爸们普遍认为妈妈们过于焦虑，使自己在家庭事务当中缺乏发言权。

男女之间是伙伴而非敌人，我们在期望男性更多地参与家庭事务，更好地关注妻子和孩子的同时，或许也需要多给先生们一些鼓励和肯定。因为人类对于赞美和看见的需求，是共同的。

如何让吵架不伤害感情，而是解决问题

文 / 周劲松

问：

我跟我老公，老是因为一点鸡毛蒜皮的事情吵架，比如昨天，我下班一回家，看到老公的鞋子又摆得门口到处都是，就忍不住生气，开始和他吵架。

我们一吵架，开口就是恶毒的话，彼此都恨不得用最恶毒的话去骂对方，甚至连带着骂对方的家人，吵完后又后悔。但是再这么一直恶性循环下去，我感觉我们的婚姻就维持不下去了，这种情况该怎么改善呢？

答：

人难免会和别人吵架，因为人都有情绪，无论你多么理性，有时候难免会与外界发生冲突，带着情绪发生争吵。

　　夫妻之间的争吵则会多一些，因为双方关系紧密，生理诉求、物质诉求、心理诉求，甚至精神需求都紧密相关，暴露出来的矛盾也会更多。

　　夫妻之间的吵架，通常是通过争吵来表达自己的诉求，希望以此解决两个人之间的问题。

　　你们夫妻二人吵架时肯定也抱着同样的目的，但实际情况是，你们经常为生活小事吵架，致使关系陷入了恶性循环，甚至面临着关系的破裂。

　　这是为什么呢？

　　我看到你们夫妻之间的相处模式中有暴力沟通的痕迹。

　　你们两个人在吵架时，会把眼前的事情演变为情绪发泄，甚至上升到恶毒诅咒，连带对方的家人也一起骂，怎么狠怎么来。不幸福的家庭和婚姻中常见的吵架方式就是这种，长此下去，婚姻生活如同酷刑，最终会走向解体。

　　我们先来看看什么是吵架？吵架实际上是在干什么？

　　吵架是人在有情绪的时候讲自己的道理，双方各讲各的理。而吵架的实质是为了解决问题。

　　很多关系好的夫妻也吵架，吵架中也带有激烈的情绪，不同的是，他们往往能通过对方的情绪表达抓住重点。这个重点不是情绪和态度，而是那个问题，待情绪平复后，他们会努力去寻找问题的解决之道。

　　从你们夫妻的吵架模式来看，你们两个人吵架是由某件具体的事情引起，但好像不是奔着解决问题去的，而是更偏于负面情绪的发泄，以否定对方为目的，一言不合就火力全开，两败俱伤。

这就是为什么你们的争吵不仅不能解决问题，反而让关系陷入了恶性循环。

那么如何改善这种状态呢？

本着"谁难受谁调整"的原则，我们不能指望着老公变成理想的样子，然后一帆风顺地过日子，而是要先从两个人的差异入手，看看两个人之间的不一致是来自男女的性别差异，还是性格类型的不同，或者是价值观不同。

家庭中的诸多琐事，更多的是共同利益下的殊途同归。因鞋子乱放这种生活小事而引发冲突，常常是性别差异和性格类型差异导致的。冲突可以因了解和理解而消失。

从这件小事中可以看出，你有女性的细腻，他有男性的粗犷。

从性格上分析，可能你的性格属于有规划，善于整理，喜欢井井有条的类型，而你的老公属于做事不受约束，喜欢随意乱放东西的类型。这是你们性格上的差异。

再从情绪入手，看看你自己的情绪从何而来。当你在日常小事中看到老公不入眼的行为时，你是如何看待这个行为的？

就拿鞋子乱放这件事来说，相信你已经告诉过他你不喜欢他这样做了。我们都知道，伴侣之间的吵架最终表达的都是渴望关心和获得注意，让对方看到自己。你生气的原因是你对他有要求，但他没做到呢，还是因为他不把你放在心上，忽视你，无视你，跟你对着干呢？

如果是前者，你需要接纳老公乱放鞋子这个事实，在此基础上跟他进行沟通。你可以有自己的标准，可以讨厌老公做的事，或者老公没有做到的事，但你不能要求他必须做好（你可以寻找方法使老公配合你），不能把自己的想法强加给老公，更不能因为老公不拘小节乱放鞋子（这是其性格影响下的行为），做了令你讨厌的行为，进而否定他的人格。

如果是后者，你最好事先跟他澄清一下——他是不是故意气你？

通常情况下，在日常小事上，老公跟老婆对着干，故意气老婆的代价比较高，所以可能性不大。退一万步讲，他就是想通过把鞋扔得到处都是来气你，那你去指责他，也只是情绪化的反击，发泄过后并不能解决问题。

找到一个有效的沟通方式，和老公聊聊彼此的感受，对解决眼前的问题更有建设性。

建议你使用非暴力沟通的方式来组织自己的语言，先说出观察到的现象，再说明自己的感受，然后表达自己的需要，最后提出请求。

具体说来就是：当……（具体事情）发生时，我觉得……（自己实际的感受，但是只是感受，不带观点，不指责，不讨好，不讲大道理，不逃避问题，要真实、清晰），我希望……（你现在希望对方做的事情，越具体越好，不要超过两个），我相信……（就是对方这样做了以后，产生正向的结果）。

通过非暴力沟通的逻辑来重新组织语言，就是让你的语言结构不再是随意的、任性的，而是组合成一种平等的、互相尊重的语言。

　　非暴力沟通方式，是建立在自尊、自信和接纳他人的基础之上的，恰当运用这种沟通方法，可以为你带来更健康的夫妻关系。

　　总之，吵架也要讲究方法，如果吵架也有核心技术的话，那一定是就事论事，只对事不对人。

如何应对婚姻中感情变淡的危机，重拾幸福

文 / 龙双

01

朋友小 A 专门来找我聊天："亲爱的，我可能要离婚了。"

我说："你老公出轨了？"

她说："不是。"

我说："他家暴你了？"

她说也不是。

我说："那是你出轨了？你家暴了？"

她埋怨道："人家跟你说正事，你只顾瞎扯。"

我说："你老公可是出了名的'二十四孝'好老公啊，做饭、洗衣、看孩子，宠你也宠得没边儿。在咱们同学里，谁不羡慕你？他又没有出轨、家暴，你们怎么可能离婚嘛！"

她说："我就是觉得没劲，我可能没自己想得那么专一。你不知道我每天回家看到他抱着手机看视频，笑得像个花痴一样，我气

都不打一处来。一想到他都 40 多了还是个办事员，我就觉得低人一等。晚上躺在床上，看到他发了福的身材我就提不起一点兴趣。"

听到她说的这些细节，我知道她恐怕是要来真的了。

小 A 跟她老公是大学同学，毕业后进了同一家国企。工作几年之后，小 A 自己跳出来单干了。她聪明又勤奋，趁着市场的热潮，把生意做得越来越好。在生活中，小 A 也是一个对自己要求特别高的人，虽已过不惑，但身材和脸蛋都保持得很好。

而她的老公一直没什么追求，还在国企里做着无足轻重的工作，拿着可有可无的工资。经过这二十几年的社会洗礼，两人的差距越来越大，共同语言也越来越少了。

02

我说："那你想想人家的好。他把你们家里打理得井井有条，一点儿不让你操心。你在家里跟个女王一样，想干啥干啥，有几个女人有你这样的好命。"

她说："可是我想要的是势均力敌的爱情，是一个让我仰望的人。我不想做攀缘的凌霄花，可是我也不想要一个爬山虎啊！特别是今年，市场大环境不好，我的公司业务萎缩得很厉害，多希望有个人能帮我撑一撑，哪怕是帮我出出主意，商量商量也好。想到一辈子都要跟他在一起，真的好绝望啊！"

小 A 终究还是没有提出离婚，但是她一直在离婚与不离婚之间纠结，夫妻感情自然好不到哪里去，家里的气氛紧张到一触即发。

小 A 动不动就冲老公发脾气，发过之后又觉得后悔。生活就这样进入了周而复始的死循环。

作为旁观者，人们可能会谴责小 A 太贪心，可是作为朋友，我也理解她的无奈和挣扎。谁不希望找一个并肩战斗、共同成长的伴侣呢？

对调一下性别，小 A 如果是男性，现实生活中的这种案例只怕会更多。老公一路升职加薪变身成功人士，老婆在家带娃熬成黄脸婆，然后上演出轨、离婚的戏码。

撇开那些"渣男""渣女"不谈，生活中更多的是像小 A 这种，双方都抱着美好的愿望进入婚姻，一个在社会的风雨里快速成长，一个在生活的琐碎里被淹没，一个长成了独当一面的战士，一个变成了退居二线的勤务兵。于是两个无话不说的人变成夏虫不可语冰，变成鸡同鸭讲，变成无话可说。

作为凡人的我们，在婚姻中该如何避免这样的事情呢？

1. 先认清自我需求，再寻找理想伴侣

要先清楚自己是什么样的人，想要过什么样的生活，寻找伴侣的时候就朝这个方向去努力。

小 A 在学生时代就一直要强，凡事都要求自己做到最好，每年的奖学金名单里必定有她。而她的老公则"佛系"得多，英语四级还是在小 A 的严格督促和辅导下才勉勉强强过的。

从一开始，其实小 A 对伴侣的要求就不是这样的，但那时的小 A 被感觉冲昏了头脑，凭着一股爱意毅然决然地走进了婚姻。她从来没有了解过自己的需求，从来没有看清婚姻的本质，所以，如

今她才陷入了两难的境地。

了解自己其实是最难的，有些人终其一生都在探索自己。有几个方法可以借鉴。

（1）第一种方法是内观。就是通过自我观察认识自己，可以有意识地通过冥想、写日记等方式记录自己的所思所想，更深入地剖析自我。

（2）第二种是通过他人了解自己。我们可以跟朋友、师长多交流，了解他们眼中的自己，多角度地观察自己。

（3）第三种是通过专业渠道了解自己，比如多阅读一些心理学方面的文章和书籍，或者做一些专业的测试，用专业知识帮助自己做判断。找到自己最需要的是什么，以及最不能接受的是什么，谋定而后动。

人的本性是很难改变的，婚前得过且过的人，不可能婚后就自强不息了，生孩子之前随遇而安的人，也难以在有孩子之后就力求上进了。

如果自己最在乎的是共同成长，奋发图强，就不要去找安于现状的人。鸿鹄和燕雀没有孰对孰错，找到适合自己的才是最好的。

2. 看到伴侣的闪光点，全面而辩证地看待伴侣，不要贪心

当年我还问过小A，看中了自己老公的哪一点，她说他脾气好，不管她怎么任性，发脾气，他都能包容她。时至今日，她老公的这个闪光点还在，小A却已经将其当成理所当然，而非优势了。

金无足赤，人无完人。隔壁老王事业有成，风度翩翩，也许私下里家暴、出轨；邻居老张家境殷实、出手阔绰，也许在家蛮横专

断；同事小李踏实上进、体贴周到，也许在金钱上吝啬抠门。

所以，请记住爱人的闪光点，记住当初让你深爱并决定与之共度一生的那一点。

要享受他的好，就要承受他的不好。不能既享受了优渥的生活，还要求长久的陪伴；既贪图了花样的美色，还要有趣的灵魂；既享用了他的讨好，还要求他有骨气。

想一想，如果他那么完美，你用什么来匹配他呢？

3. 积极寻找挽救婚姻的方法

婚姻就是两个人合伙办公司，感情是最大的投资，孩子是最重要的产品。千万不要等产品制造出来了再来考虑两个人合不合适的问题。生孩子之前千万要考虑清楚，恋爱可以分，钱可以挣，婚可以离，但孩子不能塞回去啊！

也有很多人是在生完孩子之后才发现问题的：他怎么不带孩子？婆媳有矛盾时他怎么只站在他妈那边？跟兄弟喝酒怎么比陪老婆孩子还重要？这种时候有点晚了，但还可以挽救。挽救的方法就是马上去解决。

世界上的事情，拖是永远也拖不好的。

千万不要等到感情耗尽，失望攒满，婚姻一地鸡毛了再去解决。我们永远也回不到最初的心境，趁着事情刚有苗头，一定要把它扼杀在摇篮之中。

自己找伴侣沟通、求助亲友、做婚姻咨询，都是可以选择的方法。与其坐以待毙，不如主动出击。

我也建议小 A 去做专业的婚姻咨询，她跟老公的感情基础很好，也没有原则性的问题。这种类型的婚姻问题，在专业咨询师的帮助下，经常能够得到很好的改善。

4. 多方努力之后如果还是觉得不合适，请及时止损

分手或者离婚不是赶时髦，只是我们多番努力无果之后的一个选择。就像炒股时遇上熊市，及时止损一定好过一直沉没。

人生说短也短，说长也长。未来几十年陪伴你的那个人，如果你看着就难受，想起来就堵心，躺在旁边也毫无"性"致。那才真的是委屈了自己，也冤枉了别人。不如好聚好散，放各自一条生路。

03

至近至远东西，至亲至疏夫妻。

有多少夫妻在婚姻的围墙里变成了最熟悉的陌生人，又有多少夫妻感情沉没在生活的琐碎里。

曾经的我们都明媚过，深爱过，身边这个人也曾是我们发誓要共度一生，相濡以沫，悲喜与共的那个人。

如果他（她）累了，就歇一歇，如果他（她）走不动了，就拉一把，如果他（她）慢了，就等一等。

世界上没有永远步调一致的两个人，我们唯一能做的就是：珍惜眼前人！

突然对另一半死心，女人如何选择才能获得幸福

文／当真

突然对另一半死心了，决定离开他，是一种什么样的感觉？

有个获得高赞的回答这样说：

"那一刻，没有恨，没有爱，没有大哭大闹，没有肝肠寸断，不再顾虑很多，拒绝一切借口，只剩下心如死灰的平静。"

你又是因为什么事情对伴侣死心的呢？

也有个获得高赞的回答这样说：

"或许是他没有接听我的电话，或许是他打了我一个耳光，或许是他晚起了三分钟。总之是失望积攒得越来越多，于是那件事便成了压死骆驼的最后一根稻草。"

关于人与人之间的交往，蔡康永曾做过一个比喻，他说："人与人之间有一个情感账户，每次让对方开心，存款就多一点，每次让对方难过，存款就少一些。"

如此看来，当失望越来越多，情感账户里的存款越来越少，两个人的情感也就走到尽头了。

01

@ 文文 "原谅了出轨上瘾的他两次，这次我真的放弃了"

我和老公结婚七年，其中他有两次婚外情，我都选择了原谅。

在我们新婚第二年，老公频繁出差，被我察觉到异样，随后我便在他还没来得及删除的手机相册和聊天界面中发现了他出轨的真相。

考虑到我当时处于怀孕中，担心孩子一出生就没有了完整的家，再加上我对他还有着很深的感情，便匆匆地原谅了他。

回归的他和我的感情回温没有两年，他又一次出轨被我发现了。我真的很疑惑，我们的感情明明很好，是什么让他一次又一次选择对婚姻不忠？

他说他压力太大，总是想给我和孩子更好的生活，但是发现自己不争气，就一次次在别人身上找存在感。听了这个理由，心软的我又一次选择原谅。

终于在他出轨被抓到的第三次，我提出了离婚。原来男人的出轨真的只有零次和无数次之分。

我不再有执念，我承认我失败了，终究没能留住婚姻。办理离婚时我的内心平静得如同一潭死水。

@ 师越 "一件 200 块钱的衣服让我选择离婚"

我和老公结婚 12 年，他说过，我是唯一一个让他想娶回家的女人，因为我善良、好看又会过日子，和我生活一定会很幸福。

我承认这么多年来，我一直被他这些所谓夸赞我的话洗脑，也一直努力做一个"勤俭持家"的好女人。我不买衣服，也不买包，一件像样的护肤品都没有，算计着吃喝，给孩子和老公最好的，然而大家都说我配不上他。

其实，哪有女人不爱美，只不过是舍不得花钱罢了。但是老公只会让我省钱，却从来不在自己身上节俭，穿好的、吃好的、用好的，我心里也多多少少有些不平衡，但也不想和他计较，毕竟是我愿意对他好。

但是去年我过生日时，和朋友去逛街试了一件299元的衣服，朋友说衣服特别好看，我就买回家了。结果老公对我好一顿埋怨，说我不会过日子，就是为了要面子。

事情过去了好久，他还一直拿这件衣服说事儿，最后我终于爆发了，也认清了他不爱我的事实。

@ 美子"到底是我变了，还是他变了？"

我和老公恋爱七年、结婚五年，他曾为了我放弃了出国深造的机会，我也为了他只身一人来到了遥远的城市。

我们是朋友眼中的最佳情侣，是他们羡慕的夫妻模范。但是一个人若对婚姻有太多的希望，随之而来的也会有更多的失望。

婚后我们俩的相处模式发生了翻天覆地的变化，他对我也失去了原有的耐心。我的撒娇在他眼里是胡闹；我想找他去逛街，他说老夫老妻的算了吧；我想和他谈谈心，他说自己没什么好说的。几次三番下来，我一度以为他有了第三者了，但事实并非这样。

而我也在无数个夜深人静的夜晚，不停地反问自己：是不是我的要求变高了？是不是我一直在逼迫他？但每每回忆涌上心头，我都会很难过，因为的确是他变了，变得不再爱我了，那份爱情也没有了。

上次在他拒绝和我亲热后，我确定了自己的想法，也彻底死心了，不想再挣扎了。

@ 七七 "我败给了婆婆，一点都不意外"

我的婚姻在维持了 20 年后，因为婆婆离婚了。说来也搞笑，我坚持了 20 年，最终还是败给了那个女人。

我们的婆媳关系始终紧张，但是因为老公的爸爸去世早，婆婆只能和我们一起生活。为了保持家庭生活的幸福和谐，我选择了一份很忙碌的工作，尽量减少在家和婆婆相处的时间，而且赚的钱大部分都上交给了她。

但是我即便做得再好，也无法感动打心眼里认为我抢走了她儿子的婆婆。三天两头，婆婆都会跟她儿子告我的状。我也不想老公为难，每次都认错，不做多余的解释。

但是不久前，她竟然跟老公说我出轨了，还说是她亲眼看到的。我真的觉得可笑之极，我的身边都没有男性同事和朋友，我出轨了谁？

我始终搞不懂她挑拨我和老公关系的目的是什么？是为了让孙子没有妈妈，还是为了让儿子失去媳妇？

更让我惊讶的是，老公竟然相信了她的话，甚至要和我离婚，还在吵架时说早就忍够我了，说我讨厌他全家，瞧不起他和他妈妈。

我被婆婆怎么误会都可以，但是老公这样对我，我真的无法忍受。20 年的婚姻，在婆婆的挑拨下结束了。

02

很多女人都希望自己永远被另一半当成小公主来宠爱和娇惯，但她们错误地估计了形势，以为自己可以永远站在这样的位置上，从被追求时的那份热烈和殷勤中去判断爱人的诚意。

后来，她们也不得不在现实中学会了自我安慰和坚强，对男人的要求也越来越少。可是渐渐地，她们发现，可能爱早已消失不见，心死时刻却越来越多。

男人在婚后总是和婚前有着很大的差距，这到底是因为什么呢？

1. 成熟度低，责任感差

很多男人在面对感情时都是幼稚的，他们的心理年龄甚至低于实际年龄的一半。

频繁出轨的文文老公用找不到存在感这样的借口，一次次求得文文的原谅，但其实他的出轨就是禁不住外面花花世界的诱惑，完全是不成熟，对婚姻没有责任感的表现。

而师越的老公更是如此，他用封建传统思想来定义新时代的女性。于他而言，妻子是家里的"保姆"，而非自己的爱人。他对待感情的心理是畸形的，可以说他从来就没有认清过婚姻。

2. 男女思维差异

男人和女人把感情放到了不同的位置上。

男人攻下了一个"堡垒"后，就会觉得事情已经告一段落，剩下的只需要顺理成章地相处就好。而女人的热情，则是从被攻下的那一刻开始的。

因此，美子会一而再再而三地认为老公变了，尽管婚前她们的那份爱那么炙热，也都为彼此放弃了大好的机会，但婚后随着情感需求的变化，他们开始越走越远，越来越疏离。

3. 中国男性的情感特点

中国传统文化中对男性情感的要求是内敛而含蓄的，他们在成长的过程中可能并没有从父母那里学会如何去表达爱、接受爱和感知爱，因此他们也不懂得如何让爱流动。

他们不仅不善于表达自己的情感，而且思维也非常有局限——父母至上，和父母相处不好的伴侣估计就不适合我。

所以，结婚 20 年的七七最终没能逃离婆媳矛盾，也没有赢得老公的信任，而老公的那句"我早就受够你了"，归根结底来自他面对感情的愚钝，以至于让误会加深，让矛盾升级。

03

不论是男人不够成熟，还是他们的责任心太差，不论是他们和女人的思维差异太大，还是男女的情感特点不同，总之，在一段感情里，女人会心死、会放弃，原因只有一个——就是她们发现了，对于不懂珍惜的人，再多的原谅和坚持，都只能让自己如提线木偶一般被操纵。

而她们最终决定不再原谅，也一定是积累了太多太久的无力和失望。

女人在面对男人的错误时，大多情况下都会选择惩罚自己，让自己身陷痛苦之中，而放过了那个犯了错误而不自知的男人。

但其实，男人应该为自己的错误买单，女人不该因此而痛苦。所以在面对失望时，女人有两种选择，需要我们冷静思考。

1. 找出关系失衡的原因，处理婚姻危机

亲密关系中，男女之间付出的不平衡会直接导致关系失衡。之前老公对自己百般包容，渐渐地，他开始不再宠着我、惯着我，这些现象的原因到底是什么？是生活压力与日俱增，还是激情减少后的变化？

我们要把每一次失望当作发现问题的机会，去观察，去沟通，去主动改善，重新获得恋爱热情。

给男人一次机会，也给自己一次机会。

2. 聪明女人应该学会及时止损

但不是所有的失望都有动力变为希望。比如面对频繁出轨的男人，妻子们每一次的原谅和不甘，都只能让自己在杂草丛生的泥潭里越陷越深。

人生最大的遗憾，莫过于放弃了不该放弃的，坚持了不该坚持的。

聪明女人应该学会及时止损。不要像七七那样，浪费了 20 年才看清一个男人，放下执念。不再卑微，不再委屈自己，才是明智之举。

女人，离开那些纵然喜欢，却不懂珍惜的人，是值得庆幸的事。人生短短数十载，最要紧的是满足自己，不是讨好他人。

在亲密关系中，你不能控制一个人，也不能改变一个人，每个

人能改变的只有自己。

让自己变得强大，你会发现，你想要的、你失去的，都换了另一种方式重新回到你身边。

再婚，如何处理好夫妻关系

文 / 张砾匀

问：

我五年前离婚，带着儿子再婚，现在的丈夫有一个上大学的女儿，不常在家。总体来说，丈夫对我很好，对我儿子也很好。

我现在很怕过年，一是因为离婚时前夫不要孩子，但现在一过年，孩子的爷爷奶奶就会打电话来要求我把儿子送到他们家去过年，说他们想孙子。可是前夫自己不打电话，就好像心里没有这个儿子。这让我很难受，也很气愤。

二是因为每到过年时，我看到丈夫那种渴望女儿回来过年的急切样子，心里就不舒服。而且丈夫有一家企业，今年刚给女儿买了一幢别墅。结婚四年多了，他到底有多少钱，我一直不清楚。

所以，每到过年，我都比较烦，所以我想问老师，再婚家庭在过年时应该怎样过，才能过好啊？

答：

我先问大家两个问题。

（1）你们觉得在一个家庭里，夫妻关系重要还是亲子关系重要？

（2）再婚家庭和原配家庭里的关系序位一样吗？

请大家思考一下，说出你的答案来。

老师的答案是：在原配家庭里，夫妻关系重于亲子关系；但在再婚家庭中，往往是一方跟前任孩子的关系要重于现在的夫妻关系。

为什么呢？因为一个家庭或者家族想要成员和谐共处，家庭长久发展，需要遵守三个原则。

第一个原则是位置，又称归属感，就是每个成员具有归属于一个家庭的位置。

第二个原则是付出与收取的平衡。

第三个原则是秩序，这是保证一个家庭和谐共处长久发展的规则。

我们用这三个原则来分析一下，再婚家庭及单亲家庭该怎么处理关系，大家心里才能舒服。

第一个原则是位置，即归属感。

这在再婚家庭中有两种情况。

第一种情况，如果再婚双方都没有孩子，他们的重组家庭则以夫妻关系为重。

要注意，双方都不要再把前任拉入现在的家庭中，不要把前任跟现任做比较，否则就会破坏现在的家庭关系。因为前任在现在的家庭里不再有位置，而将其与现任做比较就是给了他位置，三个人或者四个人的日子是过不好的。

这也是很多再婚人士容易犯的错误。这说明他总活在过去，对自己做出的选择不接纳，也说明这个人的心智不够成熟。

第二种情况，如果一方或者双方在之前的婚姻中有孩子，无论孩子是否跟着自己生活，在现在的家庭里都会有位置。这个意思是，父母需要尽他们该尽的义务和责任，现任不得阻挠。如果阻挠，会导致夫妻双方分心，破坏感情，甚至导致家庭破裂。

第二个原则是付出与收取的平衡。

在所有的家庭关系里，只有亲生父母对亲生子女的付出不求回报或者不能强要回报，如果强求，就容易破坏亲子关系。

比如，现在大家想象一下，你的爸爸妈妈站在你的面前，对你说："爸爸妈妈生你养你不容易，以后你必须为我们养老送终。"你有什么感受？有没有压力？如果你跟父母关系不好，除了压力可能还会有愤怒感，对吗？

因为孩子长大之后赡养父母是天经地义的事，大多时候父母不说，孩子们也会去做。但是，如果父母总是强调回报，反而会给子女压力，甚至会破坏亲子关系。

但在再婚家庭里，我们对对方的孩子是没有抚养义务的，只是帮助爱人抚养他的孩子，所以付出是需要回报的。

需要谁的回报？需要爱人的回报。

如果爱人认为你理所当然地应该抚养他的孩子，你的心里就会产生不平衡的感觉，就会有情绪。这份不平衡感和情绪如果没有被爱人看到，就会破坏你们之间的夫妻感情。

在这里，老师有一个提议：再婚家庭中，如果你的孩子还小，可以让孩子称呼对方"爸爸"或者"妈妈"；如果孩子年龄大了，就要听孩子的，可以允许孩子不称呼对方"爸爸"或者"妈妈"。这样有利于彼此之间自然相处。

第三个原则是秩序。

在再婚家庭里，有两个秩序需要遵守。

一个是先来后到的秩序。即在家庭里后到的家庭成员要对先来的家庭成员有一份尊重，同时先来的成员具有优先权。

在再婚家庭中，如果一方本来有孩子，孩子就是先到的，在爱人的心里，孩子比你具有优先权。所以如果你们要生活在一个家庭里，你就不要跟孩子争位置，一般也争不赢。而是要帮助爱人更好地照顾他的孩子，甚至适度地相让，这样爱人的心反而会倾向于你。

有的朋友会问我，那我要不要教育他的孩子？这是由你们双方商议来决定的，是需要经过爱人许可的。即使你有了对孩子的教育权，你也要多和爱人沟通，多询问他的意见，否则容易引起夫妻间一些误会。

第二个秩序是新家庭比旧家庭具有优先生存权。即照顾再婚前的孩子是我们的义务，但不能因为照顾孩子而忽略了爱人，忽略了对现在家庭的经营，否则会破坏夫妻关系和现在的家庭。

那具体要怎么做？

（1）战略上，你要把孩子和现任从内心里看作一家人。

（2）态度和行为上，你要把绝大部分精力放到经营现在的家庭上。

（3）战术上，如果孩子的必需跟现在的家庭有冲突，在不破坏家庭的前提下，优先考虑孩子的需要。

上面就是关于在再婚家庭中处理好关系的要点，希望对大家有所帮助。

第三章

婚姻困境：有所突破，才能绝地重生

"独角戏婚姻"：如何解决婚姻中对方的忽视和缺位

文 / 江垚

01

幸福的婚姻模式总是大体相似的，但不幸的婚姻却各有各的不幸。

当面临婚姻危机时，我们免不了去分析原因，也或多或少能找到些缘由，比如"相处太久无话可说""我在成长他在停滞""上一代人介入太多"，又或者是"爱人出轨了"，这样一个简单明了的理由。

然而有一种婚姻危机，却总被掩盖粉饰，甚至会被认为是一种"作"和"矫情"的表现，那就是——我需要你的时候，你不在。

我把这种婚姻称之为"独角戏婚姻"。

我接触过一个案例，就是这种婚姻模式。

当事人可以暂且称她为小 A，她与前夫在大学时相爱，都是彼此的初恋。

小 A 主动追求的前夫，前夫是个性格很温暾腼腆的人，看起来有点内向，人很温柔，感觉是一个很好相处的人。事实证明，小 A 这样直接的个性确实和他很互补，几乎没有什么难度，小 A 就追上了。相恋四年，毕业后两人步入婚姻，一切都顺理成章。

问题出现在婚后。

当时两人刚毕业进入职场，需要一段适应期，又面临婚后买房的压力。小 A 前夫温和的性格在学校中或许很受欢迎，但一进入职场，马上就遇到了问题。

工作压力、同事相处、领导沟通……所有问题都可能成为他的压力源，而不善表达的他，又时常把情绪压在心里，不和小 A 倾诉。

所有的问题在婚后第三年集中爆发了。那年小 A 怀孕了，这本来是一件值得高兴的事，但因为不在计划里，让小 A 的前夫又感受到了新的压力。

小 A 怀孕期间，情绪波动大，希望有丈夫的陪伴。但那个阶段刚好是丈夫的职场升职期，他不仅无法陪同小 A 一起产检，平时回家的时间也越来越晚。

小 A 想拍一套孕前照，他觉得太麻烦，勉为其难在网上订了个摄影工作室，结果自己还是因为要加班，没有陪小 A 去，最后照片中只有大着肚子的小 A 一人，还有零星几张小 A 妈妈陪伴的照片。

一件件一桩桩的小事，累积起来就是压垮婚姻的"稻草"。

孩子出生后，显然前夫还没有做好当父亲的准备，他是爱孩子的，然而无法用行动表达出来。

孩子平时的照顾，全都是小 A 和小 A 妈妈在负责。前夫跳槽后开始不定期地出差，对于这个家的参与度也越来越低。

小 A 个性直白，原本是喜欢及时沟通、及时化解矛盾的，但遇到一个这样的"闷葫芦 + 软柿子"，自己的一腔热情也被迫硬生生地吞回去了。

她想找机会和前夫沟通，想把委屈好好宣泄一下，但前夫的应对方式就是逃避、转移，或者是长时间的沉默。

原本应该是两个人的主场，变成了单人的"独角戏"，这出婚姻大戏在第七个年头终于再也唱不下去了。

离婚是小 A 提出来的，前夫一贯的态度就是拖着、躲着、不面对。离完婚后，一切都尘埃落定了，前夫才和小 A 说了实话。

当年大学里的他其实是自卑的。他虽然长相中上，却从没有真正接触过女生，所以当时小 A 追他时，他糊里糊涂地就接受了。

结婚后，面对家庭和工作的双重压力，他感觉自己完全没有能力同时面对，此时小 A 对他的情感需求，他根本满足不了。

孩子出生后，他对自己突然到来的父亲角色感到茫然，对于小 A 的那些情绪表达，更不知如何面对，只想着逃避。

小 A 说她听到前夫的这些话时，受到的冲击不亚于知道对方出轨。原来自己以为的纯情初恋，在对方看来，不过是年少无知；自己一心一意付出的感情，于对方而言，都是不得不面对的压力。

02

为什么很多女性会发现在婚姻中，经常是自己一人在唱"独角戏"，而另一半往往是缺位的呢？

1. 女性对情绪的天然敏感 VS 男性对情绪的天然抗拒

《男人来自火星，女人来自金星》中对于男女的不同点做了比较详细的阐述，虽说很多结论在目前来看，还缺少足够的研究及大数据支持，但是不得不说，男女在认知思维的很多层面上都存在着很大的差异。

女性相对于男性来说更容易焦虑，也更容易明确地感受到这种焦虑感。

一方面是生理原因，另一方面也源自社会环境与家庭教育的影响。

在很多家庭中，父母对待男孩和女孩的养育方式从一开始就做出了区分。比如，有研究显示，和男婴相处时，母亲会花更多时间看着男婴独自玩耍；而和女婴相处时，母亲则会花更多时间拥抱女婴。

这种不同的教养方式，让男女从小在感知他人情绪上就存在差异：女性更容易感知自己和他人的情绪，她们或许更容易焦虑，但也更容易明确地说出这种感受，以寻求帮助；而男性则相反，他们往往并不能很快感知到自己和他人的情绪，更很难表达出来。

在婚姻中，女性经常有着更强烈的情绪和情感诉求，但男性常常处在状况之外。当我们抱怨"为什么他总是看不到我生气了""为什么我最无助的时候他总是不在"这些事情时，或许对于男性来说，他们只是没有把心思放在观察你的情绪上。

2. 男女双方对空间感的不同理解

之前，在某综艺节目中，一对夫妻的"分房睡"的事情引来了热议。

视频中两人的日常可以说非常甜蜜，男方像极了很多女性口中的模范老公，每晚睡前都为老婆按摩捶腿，也主动分担照顾孩子的责任。但即使是在节目录制的过程中，他每天也是照例给孩子讲完睡前故事、给老婆捶完腿后，就留下老婆一人在房中，自己上楼睡觉了。

很多人不理解这种"分房睡"的模式，而老婆则淡定地说，两人婚后四年一直都分房睡："我在二楼，他在三楼。"

随后她解释了这样做的原因：一是老公打呼噜，自己容易被他吵醒，二是老公是她的经纪人，两人经常二十四小时在一起，晚上分开睡也是给彼此一些私人空间，反而能促进感情。

在传统观念里，分房就等于分居，会影响夫妻感情。但是对于现在很多观念比较开放且条件允许的夫妻而言，"分房睡"倒不失为一种和谐的夫妻相处模式。

不管你承不承认，男女在空间的感知上是存在差异的。女性对于空间的觉知是发散式的，而男性则是聚焦式的。

这反应在婚姻关系里，就变成了：女性会将所有的相处泛化为"陪伴"的需要，而男性则将物理空间上的相处明确界定为陪伴，并且物理空间的相处对他们而言，也不是时刻必需的。

所以在"分房睡"的模式中，男性感受到的更多的是有张有弛的陪伴关系，会觉得自我的空间得到了尊重，女性此时如果也刚好能理解这种模式，那对双方都有帮助。

但对于发散式空间觉知的女性来说，她们往往会把"他不在""他没回信息""他回避了这个问题"等理解为"他没陪我""他不在乎我"，甚至"他不爱我了"。

以上两点并不是在为男性的缺位做开脱，而正是想通过分析男女的差异，来说明有些时候"独角戏"的婚姻模式，并没有走到无法挽回的地步。真正让婚姻一步步走向解体的，并不在于缺位本身，而是面对这个问题时，双方有没有意识到问题的根本，以及找到合理的解决办法。

小 A 的婚姻其实原本有挽回的可能，而她却是在离婚后才意识到去寻找婚姻问题的根本原因，此时她与曾经深爱的那个人，已经成了陌生人了，他即使有千般不是，也无可指摘与纠正了。

如果你也正处在"独角戏"的婚姻中，不要灰心丧气地急着退出，不妨想一想，如何让婚姻这场戏变成两人同台，琴瑟和鸣。

吵架后，老公总是拒绝沟通怎么办

文 / 范俊娟

问：

我老公的脾气看着很好，一犯错就认错，不管你怎么说他都不反驳。但其实，他是在完全拒绝跟我沟通，我说什么他都逃避。该怎么办呀？这样我好累。

答：

你说他一犯错就认错，谁来定义什么是对，什么是错呢？又是根据什么来定义对和错？

打个比方说，孩子晚上想玩游戏，父母说你快去洗澡，孩子说好的，但是不行动，还是想玩游戏，父母就急了，说你都答应了，为什么还不去？

孩子认错说，我错了，我马上去。

过了一会儿，父母发现孩子还在玩游戏，就批评孩子，说你为什么还不去？

孩子又认错，但就是不动弹，依然在玩游戏，拒绝回答父母的问题。

最后，父母怒了，把孩子的游戏机扔掉，命令孩子马上去洗澡。孩子也生气了，虽然洗了澡，但是拒绝跟父母说话。

从这个故事里，你看出了什么？

父母让孩子去洗澡，是为了满足自己对孩子的担心，希望能够照顾孩子的身体健康和卫生安全；孩子想玩游戏，是为了满足自己开心玩耍的需要。

角度不同，满足的需要不同，这里的对错谁来定义？

谁掌控了关系中的权力主导地位，就由谁来定义。

在这个故事里掌握主导权的是父母，因为很多时候父母跟孩子的关系总是不平等的，父母掌握了决定权。孩子的需要要依从父母的需要，当两者发生冲突的时候，父母就会下个定义——孩子犯错了。

同样的道理，推导到你们的关系中呢？

你一边掌握着关系的决策权，就像父母对孩子，老板对员工，你来定义什么是对的，什么是错的。

于是，当你们各自的需要发生冲突的时候，他要怎么办呢？

他就会表面上妥协、认错，外表看上去屈从于你，内心却并不认同，也不更改。就像那个明明嘴里答应着，身体却不动的孩子。

如果你期待他能反驳你，跟你敞开心扉地交流，就要做好放弃自己掌握决定权的准备。有时候你认为对的未必可以得到执行，甚至要妥协将就。

你选了等级制的关系，作为关系对错的决定者，就要承受他对你封闭内心的真实感受，不跟你讲真话的结果。

如果你选择了平等的关系，就要让渡出关系的决定权。那样，有时候事情可能不会往你想要的方向发展，甚至你要做一些自己不喜欢的决定，或者违背自己意愿的选择。

你原本认为对或者错的事情，可能会行不通，你们关系中的规则会转变成，到底要你妥协来满足我，还是要我妥协来满足你？

就像一个爱吃辣的丈夫，和一个不爱吃辣的妻子，每次丈夫做菜时都默默地不放辣椒，因为知道老婆不吃辣，偶尔一次失手了，放了辣椒，老婆发现之后就很生气，觉得你明知道我不爱吃辣，为什么还要放？你是不是不把我放心上了，不在乎我了？

丈夫马上觉得自己犯错了，自己确实没有以前做得好了，但是内心又憋屈又压抑，觉得为什么自己这么多年来，都不能痛痛快快地吃一次辣？

婚姻里的妥协，是你可以为我放弃吃辣，我也可以为你学着吃辣，而不是单方面的迁就。

经营婚姻有时候要用心，而不单单是用嘴，心打开了，嘴巴才会放松。

虽说夫妻两个人没有沟通是不行的，但是沟通也不是万能的，行动才是根本。

婚姻里的互动就像打乒乓球，你发球的姿态变了，他接球的姿态也会变。

先从改变自己的行动开始，你变了，对方也就变了。

处理好婆媳关系，务必注意这三个关键点

文 / 当真

爱情是两个人的故事，婚姻是一家人的相处

前天晚上我接到闺密的电话，她又是悲伤又是愤怒地跟我抱怨老公、吐槽婆婆，原因便是和婆婆一起生活的那点事儿。

原本她和婆婆并没有住在一起，只是一个月前婆婆来看望他们时因为疫情而暂留家中。这一留，她和婆婆之前在彼此心中的完美形象就全都被打破了。这已经是她们住在一起后，我第三次接到闺密崩溃的电话了。

以前，闺密经常跟我吹嘘"我婆婆可好了，和别人家的婆婆一点也不一样"。事实也是如此，她们的婆媳关系很好。

所有节日她和老公都会回家，会给婆婆带礼物，婆婆也会准备丰盛的晚饭招待他们。再加上闺密的撒娇技术总是能哄得婆婆喜笑颜开，老公也开心，一家人相处得非常愉快。

但自从和婆婆住在一起之后，她和老公的生活习惯、作息习惯

全部被打乱了……她渐渐地开始厌烦自己的婆婆，婆婆也开始挑拣她的问题。甚至有时她会觉得，自己在家里一点也不自在。

都说婚姻是对爱情的终极考验，因为爱情是两个人的故事，而婚姻却是一家人的相处。

一个个和婆婆生活在一起的女人也在用亲身经历告诉我们，面对婆媳关系，那真的是"远香近臭"。

和婆婆一起生活，有人不想回家，有人不想出门

@ 南南，37 岁，和婆婆生活 5 年

五年前，因为公公去世，我和老公把婆婆接回了家。自从婆婆来了之后，我们每天出门前都能吃到热乎乎的粥，下班回家就有准备好的晚餐，甚至连衣服婆婆都会帮忙洗干净。周末我们也会一起去散步、逛街，生活上的小不同和小插曲我们也会相互包容、化解。

直到我生了儿子，一切的和谐都被打破了。

孩子刚出生时，我们在如何照顾孩子上就产生了巨大的分歧。

婆婆总是抱着孩子，而我认为刚出生的宝宝脊柱还没有长好，不应该经常抱着。但婆婆曲解了我的意思，认为是我不让她接近自己的孙子。

孩子四岁了，婆婆还坚持喂饭，觉得这是自己对大孙子的宠爱。可这给孩子养成了很不好的习惯，他在幼儿园里根本不会自己好好吃饭。但我一说，婆婆就生气，她还时不时会去和亲戚抱怨。

最可怕的是，我的老公对孩子一点都不上心。或许是因为家

里有两个女人围着孩子转，平时照顾孩子他根本不插手，别说给孩子换尿布了，从儿子出生开始，他几乎就没怎么抱过儿子，说自己不会。

再这样下去，我真担心他会错过儿子的成长。我也因为这些七零八碎的事情，经常跟他抱怨，这也导致我们现在的沟通越来越少了。

上班本来就累，下班回家后又是这一幕幕令我生气和失望的场景，我真的是不想回家了。

@ 小穗，34 岁，和婆婆生活 8 年

我有一个强势的婆婆，必须事事如她的意，然而我也是一个强势的儿媳，偏偏不能随她的心。这八年里，我们每天过得都像是在抗战。

婆婆的强势体现在各个方面。老公尽管现在都快 40 岁了，但只要哪天的衣服穿得没有随她的心意，她都会让老公再去换一件。而我也会直接表达我的想法："这件衣服很好看，不用换。"这样，尽管我知道老公夹在我们中间很为难，但是我就是看不惯，他一个 40 岁的男人，还被妈妈插手穿衣服的问题。

家里的财政大权也是一样，由我婆婆管钱。

我不是一个对金钱有欲望的女人，但每当家里需要添置大件物品，我还必须向婆婆伸手要钱时，我就有"钱并不是我赚的"那种感觉。我几次三番和老公讨论这个问题未果，老公认为把钱交给婆婆管理，婆婆会有安全感，但他一点也没考虑过我的需求和感受。别说过节送我礼物了，我真不知道我老公兜里的钱够不够买袋大米的。

当遇上强势婆婆的时候，我开始怀疑自己是不是找了个"妈宝男"。我们在一起也生活了快十年了，这些年里，我每天都要看婆婆的脸色。好在我也不是什么软柿子，不然真不知道该怎么生活下去。

现在的我，不只是不想回家，甚至，开始想逃离。

@晴天，29岁，和婆婆生活3年

婚后我才发现，原来我是老公跟我婆婆之间的"第三者"。

和婆婆生活了快三年了，我和老公的关系越来越淡。

起初，我和老公经常在客厅里打闹，说些甜言蜜语。但婆婆只要一看到，脸色立马就不好了，甚至会直接摔门而去。久而久之，我和老公开始注意，不会在婆婆面前打情骂俏，我甚至产生一种自己在和老公"偷情"的感觉。

后来，更让我感到疑惑的是，婆婆经常在很晚的时候把老公叫到她的房间里陪她聊天，每周末也要老公陪她去七大姑八大姨家串门，还要去公园散步。

而在家里时，她多数时间都看我不顺眼，对待我和老公极其"双标"。老公周末睡懒觉，就是工作累需要休息；而我周末起得晚了一点，就是不会照顾人，连饭都不去做。

我刚开始的时候觉得，婆婆可能是有一种被我抢了儿子的感觉，以至于对我产生敌意，她只是刚开始不适应，慢慢会变好。但是，我们相处了三年了，她对我的敌意越来越深，我和老公的相处时间也越来越少。

我真不知道未来的日子该怎么过下去，她不喜欢我，其实我也一样不喜欢她。要不我干脆把儿子还给她算了？

@ 向心，42 岁，和婆婆生活 10 年

从结婚开始，我便和婆婆一起生活。别人总会问我，和婆婆一起生活累不累？我真的想说，一点也不累，反而很轻松。

这么多年，婆婆把家里打理得井井有条，我和老公回家后都会先去找婆婆，只有她在家，我们才安心。

记得刚结婚不久时，我的做饭经验几乎为零。有一次我下厨，差点把灶台给点了，火势越来越凶猛，我连忙去接水想要灭火，婆婆见状立马阻止了我，迅速取来浴巾沾湿后一下子就把火给扑灭了。接着她转头就给了我一个拥抱，说："吓坏了吧，孩子，没事儿的，妈妈在。"

婆婆还特别嘱咐我不用把这件事告诉老公，免得老公生气。

婆婆很暖，十年来，一向如此。家里的任何事情，有她在，总能妥善地解决。有她在，我才踏实。

每次因工作需求出差时，我在外面最想念的就是婆婆烧的一手好菜和她温暖的怀抱。周末休息时，我哪里也不想去，只想窝在家里，和老公、婆婆在一起。听她讲讲年轻时的故事，学学生活的小妙招。

@ 晏灵，36 岁，和婆婆生活 4 年

我和婆婆生活在一起，是从我生了孩子之后开始的。因为工作比较忙，刚出月子不久，我就回去上班了，只能麻烦婆婆来帮忙带孩子，没想到这一带，就是四年。

住在一起之后我才发现，原来婆婆这么细腻。

　　因为是婆婆带娃，所以娃跟婆婆的关系更好，两岁多的时候都不怎么让我抱，晚上也不跟我睡。为此婆婆跟我解释了好几次，她说："宝贝现在太小了，因为天天看到我，所以才跟我好，你不用上火，孩子永远和妈妈最亲的，宝贝大点就好了。"

　　其实道理我都懂，我也没有上火，但是婆婆安慰我之后，我连那一点点的小失落都没有了，只剩下感谢。要是没有婆婆，我真不知道生了孩子之后的生活会乱成什么样子。

　　好多人说自己和婆婆一起生活之后没有了私人空间，我的婆婆却一直给我们留出足够的空间。我和闺密偶尔在家里小聚时，婆婆总是借口出门逛街让我们自己在家里好好玩，其实我们都清楚，婆婆有哪里可逛的，无非就是想让我们不必拘束。

　　我很庆幸，自己有一个这么好的婆婆，我会加倍对她好，也会向她学习，以后也做一个好婆婆。

没有最好的办法，只有更好的方式

　　不可否认，婆媳关系自古以来就是一个难题。这个问题出自母爱，出自占有欲，出自社会认知。

　　婆婆和儿媳妇又因为各自身份的微妙、立场的不同，避免不了会在生活和观念上产生各种各样的矛盾。但是每一个儿媳妇都可能变成别人的婆婆，每一个婆婆也都曾是别人的儿媳妇，婆媳问题不可能被消灭，但可以尽量化解。

1. 沟通是解决一切关系的良药

不论是爱人关系、朋友关系、同事关系，还是婆媳关系，沟通一定是处理问题的首要措施。

我的闺密自己整理了情绪之后，找了婆婆谈心，把自己的问题统统说了出来，也把婆婆对自己的不满做了解释；婆婆也敞开心扉，说自己的处理方式可能不对，但心里都是为了他们俩好。两个人就这样很简单地用了半个小时消除了误会。

如果南南可以给婆婆看看一直抱着新生儿可能会导致其脊柱弯曲的新闻，把儿子在幼儿园的情况加以说明，或许婆婆也会理解她的初衷，改变自己的养育方式。毕竟，所有人的出发点都是为了孩子好。

晴天也是一样，可以选择多和婆婆沟通，告诉婆婆自己不是在和她抢儿子，而是想和她的儿子一起照顾她。同样，她可以问问婆婆对自己不满意的地方，有则改之无则加勉，婆婆也会很高兴。

毕竟，只要双方心情好了，很多问题都可以迎刃而解。

2. 保持恰当的边界，彼此尊重

很多女人在迈入婚姻时，都暗暗发誓，为了避免婆媳矛盾，为了增进和老公的感情，一定会把婆婆当成自己的妈妈对待，也会努力让婆婆把自己当成亲生女儿对待。

但殊不知，你在亲妈面前可以做最真实的自己，把不好的脾气都留给她，但你对婆婆却不能如此。

而婆婆也永远无法把你当成亲生女儿，因为你是"情敌"般的存在。那么，婆媳之间最好的相处方式，便是保持边界感，彼此尊重。

婆媳之间可以亲，但是不要近。

有条件的夫妻，可以和婆婆分开住，哪怕在附近给婆婆租一间房子，婆婆需要时可以马上赶到，既给了婆婆空闲，也给了自己空间。

如果条件不允许，那么你可以孝，但不要顺。

原则问题尽快沟通，边界问题尽早划清。同一个空间，两种不同的生活，你尊重婆婆，也要挣得婆婆的尊重。

3. 处理好和老公之间的关系，才是解决问题的根本

都说婆媳之间有矛盾，最为难的便是夹在中间的老公，但其实老公才是决定婆媳之间是否有矛盾的根本所在。

南南会跟婆婆因为教育孩子产生争执，小穗和婆婆进行了多年抗战，都是因为老公不管不问，放任问题的存在。如果老公可以做婆媳之间的调和剂，那么情况就会不同。

所以你需要点醒自己的老公。请用"我"的视角去讲述自己的观点，得到老公的理解；再站在婆婆的角度去解释问题，让老公知道你对婆婆的理解。这样他才会认同你的观点，同时看到自己的责任。

只有处理好你和老公的关系，先让你们夫妻俩统一观念，才能进一步去改善婆媳关系，更好地孝顺父母，更好地经营婚姻。

我们要知道，不管是婆媳关系，还是妯娌关系，这些都是家庭的外围关系，最重要的还是你和你爱人的夫妻关系、你和孩子的母子关系。其他关系只能短暂地影响我们的心情，但不能长久地决定

我们的幸福。

　　能决定我们幸福的，便是我们的独立与自信，以及我们与爱人的理解与信任。

不幸的婚姻，果然都存在这三个问题

文 / 非也

"原生家庭不幸，婚姻一定不幸吗？"

《乔家的儿女》给出的答案是"是的"。

乔家的五个孩子，因为母亲早逝，父亲极度自私又不负责任，从小吃尽了苦头。好不容易熬到成年，有了工作，刚解决了温饱问题，一个个却又掉入了不幸婚姻的深坑。

可他们的不幸各不相同，这与他们个人的性格有关，更与其成长经历有关。

有网友说，也不知编剧到底经历过什么，才将他们的人生写得那么悲惨，看得人又心疼又郁闷。

不理解的人是幸运的，说明他们成长于一个有爱的家庭中，或者有幸没有遇到坏人的人，不曾知道有些人的生活会那样糟心。

然而，幸运的并不是大多数。对一些人而言，乔家各个儿女的经历处处让自己感同身受，甚至觉得自己的经历有过之而无不及。

对另外一些人而言,生活也许没有那么糟心,但也不会一直顺心。试问,有几人从未被生活伤过呢?

那些成长过程中留下的伤,总会在潜意识里推着人去寻求疗愈。

不幸的是,太过仓促的选择常常会把人推入另一个火坑。

乔家儿女的人生便验证了这一点。

乔一成:助人型恋人

乔一成是助人型恋人,他的价值感主要源于帮助别人。

这种性格既是天生的,也与其后天经历有关。对乔一成而言,因为父亲不靠谱,他不得不从小承担起照顾弟弟妹妹的责任。

长大后,出于惯性,他不知不觉间容易对需要自己的人产生好感,而且只要对方主动提出要求,他几乎不会拒绝。

他谈了两次失败的恋爱,每一次都是女生主动,而且她们都表现得特别信任他,需要他。

第一次是他的家教学生,她性格孤僻、多愁善感,但又很有反叛精神。

她会主动将头靠在乔一成的肩膀上,用带着一丝戏谑的眼神和语言挑逗他,木讷如他,也很快沦陷了。

第二次的恋爱对象是一心想逃离原生家庭、果敢奔放的女记者。她理智、坚毅而冷酷,为了实现自己的理想,甚至亲手打掉肚子里的孩子、割舍很爱她的丈夫,只身一人远赴美国。

乔一成的爱毫无保留，像哥哥，又像老父亲。比如，明明知道妻子出去了可能就不会再回来，他依然全心全意支持她出国深造，还贴心给她准备好厚厚一沓美钞。

然而，一个人若一直忽略自己的需求，就很容易沦为别人实现目标的梯子，最后落得竹篮打水一场空。他与小朗的婚姻便是如此。

乔二强：忠诚型恋人

乔二强是忠诚型恋人，一旦认定了一个人就义无反顾，坚守、信任、负责，稳定对他而言很重要。

他很容易被那种能够像母亲一样接纳他、理解他、支持他的人吸引。而他的忠诚，也很容易吸引那些安全感不足的人。

他不是一个很敏感的人，但是对于自己认定的人和事既敏感又深情。就像小时候捡到一只流浪猫，他便一直悉心养到大。

做学徒的时候他爱上了大他九岁的师父，便再也忘不掉。哪怕面对流言蜚语、被人打得昏死过去，他也不退缩。

然而在不爱的人面前，比如叶小茉，他却是百分百的榆木疙瘩，不管她怎样明示暗示，自己也不为所动。

然而，一个忠诚型的人若不能遇到一个像马素芹那样善解人意、懂得感恩的人，便很容易成为"备胎"。

叶小茉和他在一起时，就是仗着他忠厚老实，频频晚归与之前的情人约会。

他虽然什么也没有发现，但很明显这段婚姻并没有给他归属感。

与马素芹在一起后，他就像是在茫茫大海中航行的一叶扁舟，终于看到了灯塔，找到了幸福的方向。

乔三丽：领袖型恋人

乔三丽是领袖型恋人，她理智、包容、通情达理、目标性强，做事很有规划，给人很安心的感觉。对她而言，另一半是否靠谱很重要。

她原本是打定主意一个人过一辈子，直到遇到王一丁，他踏实、肯干又有技术，且性格温顺，一心一意只想跟她在一起。

在一起后，她总是在他举棋不定的时候给他指引和力量，因此王一丁也特别依赖她。

然而，没有人愿意一直被牵着鼻子走，哪怕你是为了他好。

尤其是同时被几个人牵着往不同方向走时，他就不知如何抉择了。若王一丁更有主见和决断一点，三丽也不至于活得那样辛苦。

可惜，当初她只看到他的温顺，却忽视了他没有主见这一点。所以，当乔三丽遇到了"妈宝男"王一丁，即便她再贤惠，日子也被婆婆搅和得鸡飞狗跳。

毕竟，讲道理的人和胡搅蛮缠的人遇上时很难有胜算，往往只能选择退出，而这也为他们婚姻的破裂埋下了隐患。

乔四美：感觉型恋人

乔四美是感觉型恋人，相对于一个人的内在、人品、能力，她更在乎长相、感觉。甚至，为了不破坏恋爱的感觉，她会对明显的问题视而不见。

说白了就是"恋爱脑"，她迷恋的是那种恋爱的幻觉，而不是真实的亲密感。她追求的是自我感动，而不是被好好呵护。

她在路上偶遇戚成钢，被他帅气的侧影深深迷住，便芳心暗许，只见过一面，就偷偷拿着户口本，不远万里深入藏区找他结婚。

为了维持美好恋情的幻觉，她对丈夫明显的谎言、铁板钉钉的出轨事实视而不见，甚至在戚成钢出轨被抓了现行后，她不顾刚刚生下孩子身体虚弱，哭喊着求大哥放过他。

然而，戚成钢并不懂得感恩，而是继续仗着自己长得帅又很会撩而不断出轨。

若丈夫第一次出轨时，她能够坚决一点，或许他也不会那样肆无忌惮。

可惜，她没有勇气直面爱情破裂的事实，所以一直自欺欺人，直到被伤得体无完肤。

现实中"恋爱脑"的人不少见，他们常常会为了所谓的爱情甘愿赌上一切，不给自己留一点后路。

然而无数事实证明，他们的结局往往很不幸。

毕竟，你百般提防时都会被套路，更何况毫无防备呢？

乔七七：疑惑型恋人

乔七七是疑惑型恋人，他从来没有思考过何为爱，也不知道自己能干什么，往往稀里糊涂地卷入一段关系里，被迫承担起责任。

他长成这样是因为从小被照顾得太好了，没有学会承担责任、独立思考。

他跟玲子在一起，其实就是一个玩笑，然而，他却由衷地感谢玲子，因为他觉得是玲子让他第一次获得被需要、有价值的感觉。

毕竟每个人都有追求成就感的本能，哪怕他总是笨手笨脚的。

只是，若不是碰上玲子父母那样通情达理的人，也没有一大家子人在背后给他兜底，他很可能因为自己的糊涂而成为别人用完即丢的工具。

现实中，这样的"傻白甜"很多，他们总是太过天真懵懂，看不到自己的价值，更不清楚人生的方向，遇上主动或霸道的人，就容易产生依赖心理。可惜，在成人世界里，每个人都必须学习独立思考、承担责任，因为不会总有那么多好心人来给你收拾烂摊子。

或早或晚，七七总要成长为一个能独当一面的人，否则很容易再次沦为别人的棋子，也很难在社会上立足。

毕竟，我们与他人的关系，本质上是与自我关系的投射。也就是说，一个无法处理好亲密关系的人，往往也不知道怎么妥善处理其他的人际关系。

先疗愈自己，才能遇到幸福

我们总是说"婚姻大事，该慎重考虑"，但事实上，感情的事往往是被潜意识推着走的。越是慎重，就越容易掉入潜意识的坑里，尤其是受过伤的人。

乔家儿女在选择另一半的时候，便是如此。

心理学认为，所谓理想恋人，不过是我们内心需求的投射。

助人型的人，会爱上需要自己的人。

忠诚型的人，会爱上让自己安心的人。

领导型的人，会爱上温顺的人。

感觉型的人，会爱上放荡不羁的人。

疑惑型的人，会爱上霸道的人。

这原本并没有什么问题，最好的婚姻状态本就是彼此需要、彼此满足。但前提是，对方也能够看到你的需求，且不会恶意利用你的真情和弱点。

所以，性格不够完美，原生家庭不够好，并不意味着无法获得幸福。导致婚姻悲剧最直接的原因是，我们被潜意识牵着走，迷失了自己，忘记了爱自己。

设想一下，若他们每个人在爱别人的时候，也能多爱自己一点，或者在选择另一半的时候，更多关注他是否能够满足自己的需求，这样他们一定会更幸福。

可惜，人总是要在走过一些弯路之后，才会觉察到自己的潜意识盲区，总是要在被人狠狠伤害过后，才会懂得爱自己。

幸运的是，最终他们都学会了爱自己，也终于找到了属于自己真正的幸福。

可是，为什么非得这样呢？爱自己为什么总是被排在爱他人后面呢？

这是每一个在关系里吃尽苦头的人需要认真思考的问题。

王尔德说："爱自己是终身浪漫的开始。"

问一问自己，今天，你足够爱自己吗？

婚姻里的渐行渐远，都是从这件事开始的

文 / 微奢糖

亲密关系中，最怕的是什么？

我听到了这样的答案："冷漠"和"鸡肋"。

意料之外，但也在情理之中。亲密关系中，最可怕的的确不是出轨和争吵，而是那份明明离得很近却又天各一方的疏离感和挣扎。

生活中，感情变成鸡肋，拿不起又不舍得丢弃的情况不在少数，这种"变质"的情感会像枷锁一般紧紧捆绑着曾经相爱的两个人。

从心理学上来看，鸡肋感情最大的问题就是疏离感。

所谓疏离感，就是感觉自己被排除在外，缺乏支持，也缺乏有意义的纽带。

所以，猜测和抱怨取代了沟通，希望变成了绝望，未接电话当成故意，一个扭头当成嫌弃，一句玩笑也被当成嘲讽。

然后，在抱怨、争吵、情绪崩溃中，两人从无话不谈到无话可说。冷暴力把整个家关进冰窖，相爱的人也成了最熟悉的陌生人，这真的让人又心酸又心疼。没有第三者横刀夺爱，也没有深仇大恨，

爱的天平却失去了重心。

"我们到底错在哪？"很多人会这么问，如果真的有帮凶，那一定是情绪。

不能畅所欲言，爱就成了埋怨

有人说，好的婚姻就是找一个你可以随意发脾气的人，我不赞同。

婚姻是两个人的事，但情绪本质上讲是自己的事。

合理情绪疗法的创始人艾利斯说，让我们产生一系列情绪反应的从来不是事件本身，而是我们对事件的解读。

我曾听过这样一个案例，球迷男友因为喜爱的球队输球而闷闷不乐，但女生却将其当成男生不爱自己的表现，闹着要分手。

可见，更多时候，我们的焦点在解读和判断上，而不是解决问题上。

前几天，一个同事让我开导她，但30分钟的电话，我愣是一句话也插不进去。她吐槽男友以前天天陪她吃饭，宁愿放弃中午休息时间，也会把朋友送的巧克力送到她手里。可现在，他会一整天没有信息和电话，自己偶尔给他打电话过去，他不是开会就是忙，发个信息也都是几个字。

我看得出来她积攒了太多情绪，所以急需一个发泄的出口。但听完他们的沟通方式后我也看到了问题所在——他们的沟通更像是《吐槽大会》，在互相"揭短"。而且，她会冷不丁地告诉男友"如果你觉得不合适，咱们就分手吧""你从来都不关心我，这样的恋爱还不如单身"。

她还会在朋友圈含沙射影地发信息抱怨男友。但遗憾的是，男方的回应总是让她失望，所以，她就开始拉黑对方的微信和电话。

他们的关系就像触礁的船，进不得又退不得。不畅快的沟通一再演变成争吵，猜测和独断是他们了解对方的方式。所以，情绪垃圾越堆越多，多到无从下手，虽然他们也说不清楚问题出在哪里。

所以，好的关系需要表达情绪，而不是情绪化的表达。

每一份情绪背后，都有一份未被满足的期待

情绪是没有好坏与对错之分的，只是提醒我们需要做出改变。确切地说，它是一种自我保护，而它的背后是一份还没有被满足的期待。

朋友小刘大早上给我打电话，话还没说几句，就哭着说想离婚。

起因很简单，女儿起床后，突然跑到爸爸的枕头上去睡，说："我闻到爸爸的味道了，我好想让爸爸送我去上学啊。"

正在洗漱的她听到这些，委屈到不行。

她老公自己创业，大多数时间不是出差，就是早出晚归。

她自己是外企中层，也是一个二胎妈妈，工作了一天，下班还得去接孩子，然后做饭吃饭，陪老大写作业，给老大、老二洗澡，然后再洗衣服。最后她腰酸背痛地躺在床上，这时已经到了后半夜，而老公往往还没有回来。

她时常自问："这样的生活到底是为了什么？"

这样的自问总是会让她进入情绪崩溃状态，然后给老公发好几十条抱怨信息。结果可想而知，他说她不懂得理解人，她说他自私。

她说老公在家时，她会想和老公交流一下，结果他不是说"明天再说"，就是说"你想多了"，总之，就是不想说话。但转眼，他就在微信群和朋友圈里与别人聊得火热，调侃、玩笑信手拈来。

每当看到这一幕，小刘就会十分愤怒，将老公数落一顿。

其实，犀利的语言和尖锐的批评背后，藏着小刘的一份期待，那就是老公的爱和陪伴。她觉得自己很孤独，她需要被看见和被理解。

很遗憾，这份情绪背后的期待总是被对方忽视，而那些歇斯底里的行为却让对方刻骨铭心。

毫无疑问，每个人都要学会好好表达，但真的不是每个人都懂得表达。

我们对情绪的处理，有时就像狗狗处理外界干扰一样，稍有风吹草动，就会大喊大叫。但从本质上讲，我们也不过是想告诉对方"我不舒服了，我有需要"。

要想婚姻长久稳定，我们必须试着透过行为去看到对方内心的真实感受。只有这样，有效的沟通才有机会进行。

情绪可疏不可堵

心理学研究发现，人类有 90% 的疾病都与情绪有关。

心理学家罗兰·米勒曾说，受到婚姻困扰却不能畅所欲言的中年妇女，比起她们直言不讳的邻居来，在未来十年的死亡率多出4倍。

更让人揪心的是，很多人会假装快乐，假装不在乎，这才是更致命的伤害。杜克大学学者研究发现，假笑比愤怒更能伤害一个人的身心健康。

所以，面对婚姻中的情绪，我们必须直面并管理它。那夫妻双方可以怎么做呢？

1. 理解男女之间的不同

从事婚姻关系深度研究的心理学家特德·休斯顿说："对于妻子来说，亲密关系意味着谈论事情，尤其是感情关系本身。而男人的想法是，我想和她一起做事，而她想做的只是说话。"

就比如，男人在工作中遇到不顺心的事情时，更希望自己一个人安静待一会儿，但女人会不断询问。女人遇到不顺时，男人喜欢提出一些怎么去做的建议，但女人要的只是有人听自己抱怨和给自己一个及时的拥抱。

所以，婚姻中遇到冲突时，不一定是对方错了，可能是他用了他喜欢的方式，而你刚好不喜欢。

2. 保持自我察觉

当你出现情绪波动，想要和对方沟通时，你需要先问问自己：我怎么了？因为什么事情变成这样的？我想要的结果是什么？

这样一来，我们才不会一味地发泄情绪，而是去表达自己的情绪和期待。

3. 把指责、抱怨转换成沟通诉求

心理学家约翰·戈特曼说，婚姻出现问题的一个初期信号是尖锐的批评、过度的抱怨和人身攻击。

所以，在自我察觉的基础上，我们要试着告诉对方你想要的是什么。比如，女友生病了，但男友一通电话也没打，她很生气，那她要表达的不仅仅是你都不关心我，而是我希望你能多打几个电话问问我，这样我才觉得你在关心我。

4. 设立爱情专属日

每个人都有自己的压力，但繁忙绝对不是忽视的理由。

任何人际关系的维护都需要经营，亲密关系更是如此。所以，试着安排爱情专属日，可以是在固定的某个时间，只有你们两个人，去吃顿饭，或者看场电影。这样的活动会让彼此积累亲密感和幸福感，减少疏离和孤独感。

心理治疗师萨提亚曾说，白头偕老的婚姻所需要的一项必不可少的能力，是处理问题的能力，而处理问题最重要的一环是情绪。

爱不是单向付出或者索取，没有谁要为对方的情绪买单。因为好的婚姻不是共生，是共赢，是两个成年人彼此独立，然后在平等的相处中去彼此呵护和滋养。

婚姻越走越无话可说，三个建议让你走出泥沼

文 / 茗荷

"你们和老公还有话说吗？"

闺密小聚，目目的一个问题忽然让大家的欢声笑语停顿了下来。

这个问题的答案大家都心知肚明。婚姻走到深处，好像每天和老公的交流也仅限于日常琐碎了。

"孩子作业做完了吗？""你今天回来吃饭吗？"……

觉得稀松平常，但也隐隐约约有些不安。想不明白为什么曾经有那么多话可以说的两个人，怎么就变成了"无语凝噎"。

是什么让我们疏于彼此沟通？又是什么让我们对待身边人就像"左手摸右手"一样无感？

大部分的婚姻真的是如此吗？

趁着兴致浓，我索性采访了几对夫妻，一些来自朋友，一些来自夫妻咨询案例。我渴望以平实的记录，去启发朋友们找到一些破解这一困局的方法。

01

A 夫妻

丈夫：国企二把手

妻子：全职太太

关键词：讲道理，逃

他：我和妻子属于白手起家，我们俩的文化程度都不高，但是都很勤奋努力。因为没有父母帮忙，她很早就从干得很不错的工作岗位上退下来了，全心照顾家庭。这些年她的生活都是围绕着我和两个孩子进行的。

如果没有她，我很难想象像我这种没有背景的人，能在公司里做到今天这样的位置。她给我的帮助太多了。

之前，我会把生活工作中的方方面面都和她交流，她也很依赖我。可是最近几年，我真的很怕和她说话。

随着我工作上的进步，她好像越来越不自信了。每次跟我说话，她都会明里暗里地暗示我要安分守己，以家庭为重。有时候她在网上看到一些婚姻方面的文章，也会立马发给我让我学习。公司里一旦有哪个女同事跟我接触比较多，她都要旁敲侧击。这些都让我很厌烦。

于是，我在外应酬的时间越来越多，除了孩子的事情之外，我也基本不和她说太多的话。

她：他总是说我管他管得太多了，限制他在外应酬。他说男人在外压力很大，需要放松，怎么可能不应酬，叫我不要总给他打电话让他回家，这样让他很没有面子。可是，他一周几乎只在家里吃一两顿饭。他说他累，难道我不累吗？

六年来我只逛过两次商场，我不需要休息吗？我不管和他说什么，他都当作没听见，依旧我行我素。

我们之间的交流越来越少，我真的很压抑。

有时候我甚至都想直接离开这个家算了。

B 夫妻

丈夫：公务员

妻子：行政职员

关键词：懒，敷衍

他：我的工作属于压力比较大的类型，上班的时候需要极其耐心，说很多的话，并且要承接大量的负面情绪。加上经常需要到基层去检查，我整个人的身心都非常累。

下班之后，我其实只想打打游戏放松一下，但她总是希望我和她多说说话。我知道她的需求是合理的，但是说实话，我真的很懒，也很累，那个时候我就只想"葛优躺"。

她：我一点都不相信他不愿意跟我说话，只是因为工作累的原因。我看过他的手机，他和同事总是谈笑风生，活泼得很，可一旦跟我说话，他就变得敷衍。

连一起陪孩子出去玩，他都显得不耐烦。但如果是他一个人出去和朋友们玩，他就会很开心。

我的诉求其实很简单，就是一家三口每天能一起互动一下，聊聊天，出去走走。每当我出去散步的时候，看到别家人的这种场景，我都很羡慕。

对了，我的丈夫去年出轨了，把所有好听的话都说给了别人听。这件事深深伤害了我，我觉得他不是没有话说，只是和我无话可说。

C 夫妻

丈夫：项目经理

妻子：财务工作者

关键词：冷，怕

他：我和太太一直是异地工作，她和我母亲住在一起，带着两个孩子一起生活，我则自己在外地工作，周末的时候会回去。

前几年的时候，我是很想回家的，因为独自一人在外，非常孤独。但当我适应了一个人在外的生活时，说实话，我根本就不想回去了。

我的母亲和太太都是喜欢把情绪写在脸上的人，这让我感到害怕。她们抱怨、批评我的时候，我基本都是沉默的。我知道这样处理并不好，但是我也不知道该怎么办，只能少回家了。

她：我实在是受够了。我要的只是一家人和和睦睦地一起聊聊天而已，可是他总是沉默寡言，不说话，对孩子也没有什么耐心。

因为这种冷漠，我提出了离婚，他连离婚协议都签了，可是就是不肯跟我说句话。

我之前也曾努力地表达我的感受，说我在这样的婚姻当中很委屈、很郁闷，他却像是没有接收到我的信息一样，一直对我冷暴力。

可如果真的离婚，我又舍不得孩子，我真的不知道该怎么办了。

无话可说，是因为我们选错了人吗？

如果不离婚，又忍受不了冷冷清清的婚内孤独，还有救吗？

02

我们也采访了不少恩爱夫妻，他们也分享了很多好的经验给大家。

1. 理解对方爱的语言

有的夫妻会纠结于对方和自己交流的频率，然而，我们必须要接受的一个事实是，夫妻相处时间久了，话变少本身是一件正常的事情，但并不一定意味着双方的感情变淡了。

各自的事情和婚姻里一些鸡毛蒜皮的事，经过多年的反复诉说，彼此也都知道得很清楚了。老夫老妻之间，一个眼神过去，往往就知道对方在想什么了，根本不需要动口。

我们常常会陷入一个误区，以为沟通就是语言上的。其实不然，爱的语言是丰富的，包括肯定的语言、肢体接触、为对方服务的行动、陪伴的时刻、礼物等。与其刻意地去和对方说话，或者提供给对方有负担的爱，倒不如弄懂伴侣最需要的爱的语言是什么，投其所好。

比如，A夫妻中的妻子特别喜欢丈夫送给自己的礼物，但丈夫一直不注重仪式感，虽然把工资都交给了妻子，但从不给妻子买什么礼物。

经过调整，丈夫开始改变自己的做法，在重要节日里给妻子买一些礼物。他惊奇地发现，太太不怎么对自己进行说教了，他也更愿意减少应酬回家陪妻子和孩子了。

2. 制度性地建立双方沟通机制，注重细节分享

童年的时候，我们经常一家人一起坐在院子里吃西瓜、聊天，一家人都非常专注地听对方说话，这成为我童年里获得爱的滋养的重要部分。

夫妻之间也是如此，如果能在一天之中的某个时刻，确保双方能够心无旁骛地进行沟通和交流，哪怕只有十分钟，也足够拉近彼此的距离了。

很多情侣之间之所以无话可说，很大程度上在于彼此缺乏细节的分享。而细节的分享，往往会让我们有一种和对方感同身受的感觉，能很大程度地拉近双方心灵的距离。我们只有表现出倾听的意愿，并且注重互动和分享细节，对方才有继续交流下去的欲望，碰撞往往就在此时产生。

当妻子在镜子前试衣服并问丈夫"好看吗"的时候，丈夫不是简单地说"好看"，而是说"你穿这件衣服，能够把你身上那种古典的气质衬托出来"，此时妻子该是多么开心啊！

当丈夫向妻子诉说自己被上司批评了，妻子如果能继续追问"他是怎么说的，当时你应该很生气吧"，丈夫该多么具有倾诉的欲望啊！

很多时候我们不是没有话题，而是丧失了感同身受的能力或者是兴趣。

3. 为自己和婚姻注入新的体验

通过多年心理咨询工作，我发现很多人对婚姻和伴侣的厌倦只是一个表象，深层次的原因在于他们对生活和整个人生感到筋疲力尽，没有动力。

通常来说，那些对生活比较热爱，成长意愿比较充足的伴侣，更容易感受到生活的新鲜感。

经过咨询之后，B夫妻中的妻子去学习了瑜伽，并从中感受到了跟自己身体对话的一种奇妙的感受。见到丈夫的时候，她兴奋地跟丈夫进行了分享，丈夫也感受到了妻子的活力和热情。同时，丈夫也学习了一个木工新技能，为妻子做了一双筷子作为礼物，可想而知妻子的高兴劲儿。

这些无话可说的夫妻们，在他们过去的婚姻中，彼此就像是吃不饱的孩子，去要求伴侣给自己提供充足的爱，伴侣因此感觉疲惫，想要逃跑。

而当他们把目光放回自己的身上，以第一责任人的身份照顾好自己的情绪和生活时，婚姻中的个体开始变得鲜活了，家庭内的气氛也开始变得鲜活了，原本如一潭死水的婚姻生活也开始发生变化。

当然，如果以上道理你都明白，可就是感觉自己"懒"得去做，那我还是要提醒你一句：你的他（她）并不天然属于你，也不会永远属于你，还是需要上点心哦。

婚姻中，亲密关系的这三大困难你必须要克服

文 / 苏锦

我听过太多已婚女性问过我同样一个问题：我明明因为爱情才结婚，为什么爱情在婚后就突然消失了？

我宁愿他出轨，也不愿意他这样对我

@ 小婉，35 岁，结婚 4 年

结婚四年，我们一起过了两年的无性婚姻，然而这并不是最让我绝望的……

谈恋爱那会儿，我们总会聊到以后的生活。他说他会努力赚钱养我们的小家，而我只要在家里做自己喜欢的事情就好。

领证当天，他还送了我一张"卖身契"，上面写着：即日起，我便将身家性命全部交给我的爱妻，永不反悔。

回忆起过去，我至今都很难相信。就是这样一个心疼我又幽默的男人，把我推向了深渊。

结婚后我成了一名全职太太，而他如愿进入了自己向往的公司。这一切看起来就跟我们之前规划好的一样，但之后发生的一切打破了这份美好。事情要从他那个女助理说起。

这个女助理年纪不大，但是特别会讨好我老公。平时工作接触也就罢了，凌晨一点还给我老公发微信、打电话，一口一个"哥哥"，求他帮这个帮那个。

老公工作本来就忙，我俩的夫妻生活也越来越少，她还总是在大半夜用那种语气骚扰我老公。那天我又听到她半夜给我老公发消息过来，一下子就急了，跟他说能不能十点以后就不要工作了。没想到他回我一句：这姑娘年纪小，有上进心，我应该多帮帮她。

我也曾经怀疑过他俩，就偷偷查了他的手机，结果什么也没发现，反而被他骂了一顿。我们大吵了一架，从那之后，我俩的关系开始越来越远。

之后，他开始没日没夜地工作，我也管不了，只期待他能匀出一点点时间陪陪我。后来我发现只有在跟他要钱的时候，他才能稍微关心我一下问问我最近都买了什么，干了什么。

直到有一次，他嫌我花钱大手大脚，说我天天在家买菜做饭，怎么能花那么多钱。

我心里期待的是，我在跟他要钱的时候，他可以多问问我今天做了什么。然而最后得到的却是一句：现在的你，还不如我公司里的小姑娘！

我现在真的很崩溃，比起他出轨，我更难以忍受他现在对待我的方式——冷漠，无性的生活，我们这到底算什么夫妻？

婚姻中，慎重谈这三件事

伴侣之间的亲密关系可以分为几个阶段：甜蜜浪漫期、冲突期、整合期以及承诺期。

步入婚姻初期是甜蜜浪漫期。在这一阶段，我们会畅想未来，认为生活会越来越好，相信爱情可以战胜一切。

但由于生活环境不同、性格不同，很快我们就会迎来下一个阶段——冲突期。

在这个阶段中，婚姻关系充满了无数的暗礁，容易对夫妻情感造成很大的冲击。其中几个主要的暗礁是——金钱、性、出轨，而这正是亲密关系的三大困境。

小婉和她老公就恰好处于这个阶段，此时若冲突处理不当，很容易导致婚姻破裂。因此谈论这三件事的时候，我们要格外小心。

尤其是在和老公沟通时，我们一定要把握以下几个原则。

坦诚深度的交流，是缓和夫妻关系的良策

1. 直接表明对伴侣的需求

许多全职妈妈都曾表达过自己在家中不受重视这一问题。这就是伴随着经济的不自主而衍生出的依附感与低价值感。

小婉在和老公结婚初期，两人的关系还相对平等，老公还会主动用递交"卖身契"的方式来讨她的欢心，但结婚几年后，他们的家庭地位发生了转变。

在老公本就对职业女性有一定向往的情况下，小婉依旧用金钱作为维持双方关系的纽带，这会让伴侣更加轻视她的地位和话语权。

这样的行为不仅达不到让伴侣重视自己的目的，还会拉大自己与老公心中所期待女性的差距。

因此直接和老公表明自己需要得到伴侣的尊重和爱才是最优的选择。

2. 用坦然的心态谈论夫妻生活

现如今，仍然有很多夫妻会回避性生活这个话题。并且在传统相处关系中，男性在性中更占主导性，女性居于配合被动的地位，羞于谈性与享受性。

在我们谈论这个问题的时候，要拥有安全、诚实、开放的讨论空间。并且要勇于表达自己的需求。

小婉和老公的最大问题就在于两人都在回避这个问题，小婉在得不到满足的情况下会直接牵扯出女助理，这一点容易引起老公的反感。而小婉老公总以工作为借口，躲避正常的夫妻生活，这更是引发夫妻矛盾的关键。

成为夫妻后，要对彼此保持真诚和坦然，回避永远解决不了问题。

3. 沟通出轨问题要保持理智

出轨对女性的伤害过大，会带来对自我的全盘否定，信任与安全感被破坏，导致强烈的抑郁和失落感。出轨对男性的冲击则更多的是愤怒、被背叛感，他们更多地会选择回避，不想面对，会质疑自己的性魅力。

当发现伴侣出轨时，摆在自己面前的第一个决定，就是我还要不要继续维持这段关系，修复或放手？这需要我们深思熟虑，在比较冷静的情绪状态下进行评估与长远考虑。

稍有风吹草动，便开始暗中调查丈夫，这种行为无疑是将他推向了第三者。因此请先放下自己受到背叛的愤怒，不要用主观情绪在老公面前评判潜在的第三者。要做一个客观事实的描述者，让对方了解到他的行为有何过错。

理想的婚姻状态，就是合作公司

理想的婚姻状态就是合作公司，两个人优势互补，彼此坦诚、信任与支持。"婚姻合作公司"注重的目标是情感，要求是深度真实而联结紧密。

关系中彼此的需求要被看见和懂得，人们常以为，"他爱我就应该懂我的心"，也因为害怕被拒绝、被否定而不敢表达需要，害怕自己不够好而不值得被珍惜——这些都是经营一段亲密关系的障碍。

突破口就是坦诚、深度的交流。直接、真实地表达情感，敢于去面对那个脆弱、不够好的自己。

老公出轨回归后，如何重建信任

文 / 张倩

男性访谈，关于"回归后，还会想那个第三者吗？"

大 C，31 岁，回归 3 个月

回归后我老婆看我看得很紧，让我去哪里都要跟她报备。

说不想"她"是假的，我和她性生活的和谐是我老婆没给过我的。但是我不敢太想，否则被我老婆看出来会很麻烦。其实回归后，我们的夫妻生活一直不太好，也就是将就着过吧。

橙子，36 岁，回归 1 年半

曾经以为我和太太走不下去了，但最后我们还是选择了修复婚姻。不得不说，我太太很大度。我们把婚姻里的问题全都拿出来讨论了一遍，发现多年来对彼此都有很深的误解，而各自又有这么多委屈。

很多人说出轨是婚姻中摧毁性的打击，但我们成功把这个危机变成了转机。在专业人士的帮助下，我和太太建立了不错的沟

通机制。

偶尔会想起"她"，没有太多波澜，祝福她。

老千，44 岁，回归 7 个月

这个问题，我老婆隔三岔五就要问我一次。说实话，我一天也没有忘记过"她"。但我只能违心地说我不想。其实我曾经想和我老婆敞开心扉好好聊一聊，但是不行，她一点就爆，根本谈不下去。这么多年，我也受够了。等孩子中考结束，我们就要离婚了。

女性访谈，关于"他回归后，你还会被第三者困扰吗？"

Chen，32 岁

第三者就是梗在我喉咙里的一根刺。

有时候晾着床单，看见窗外的阳光，我突然间就会想起他们俩微信里那些露骨的对话。那一瞬间，我会突然很恨。他说他不想"她"，但我根本不信。看见他出神，我心里就难受。

小璐，40 岁

有时候我也会担心，也有不安全感，但是日子一天天过，也很太平，这让我心里安稳了一些。我没问过他关于那个女人的事，他也没说过。知道了又怎样？徒增烦恼罢了。

小尹，35 岁

我们深聊过。他说，这条路他已经走过了，也付出了代价，他不会再走。我还是愿意相信他的，但是当他不接我的电话时，我还是会心慌。

当你在关心这个问题时，你在关心什么

这两组访谈里，有没有你自己的影子？又是否有哪一句话触动了你？

从访谈来看，对于出轨男性来说，"是否想念第三者"这一问题，并没有标准答案，有人内心百转千回，有人对此风轻云淡，不一而足。有趣的是，让男性避之不及的话题，却被妻子们普遍关心，甚至成了难以放下的心病。

在咨询室里，女性来访者普遍纠结于同一个问题：他回归了，可是我不知道，他心里还有没有那个女的？

她们会想方设法套出老公的真心话，甚至求助于咨询师：你给我支支招，我怎么才能知道他还想不想那个人？

实际上，当你在关心这个问题时，你其实是在关心：他是否还会出轨？

即便如采访中的小尹，她愿意去相信自己的先生，却仍旧会在联系不上对方时，感到隐忧不安。

这是许多出轨回归家庭共同面临的问题：作为妻子，我很担忧对方会不会再次出轨，给我造成二次伤害。

自己足够可爱吗？值得被爱吗？

这是一种焦虑，怀有这种焦虑的，女性居多。

我曾接待过一位女性来访者，她在发现先生出轨女下属的时候，感到羞愤交加。可她在短短几个小时里，快速调整了自己的状态，整理妆容，像往常一样迎接自己的丈夫归家，并在未来的几周

里，不遗余力地取悦甚至讨好丈夫。

丈夫的出轨并没有让她垮掉，但丈夫出轨后她对待丈夫的态度，却一度让自己情绪失控，并因此前来求助。

咨询中经过探讨我发现，她在原生家庭里，是时常被贬低的。价值感不足，让她去取悦、讨好自己的丈夫，以便弥补那被贬低的刺痛，证明自己值得被爱。

怀有这种焦虑的女性，往往在原生家庭中有许多待处理的创伤。她们需要更多地去照料自己，而非通过取悦他人来寻求价值。

想念与安全无关

再回到最初的那个问题：男人出轨回归后，还会想那个第三者吗？

从访谈里我们看到一个残酷的事实，大部分男性都会想第三者，最起码是想过。这让妻子们心头一紧，难以释怀，搓手相问，如何是好？

但妻子们需要知道的是：出轨回归的丈夫会想第三者，这并不意味着他们会有所行动。比如访谈中的一部分男性，他们抱着怀念、祝福的心态，去想念一段已经逝去的岁月。这种想念，类似于妻子们想起自己的初恋，带着一种"相见不如怀念"的气息。

所以，想念不意味着不安全。

但是你会发现，出轨男性对第三者想念的程度各不相同。"偶尔想起"的橙子，内心并无太多波澜，只是祝福对方。"每天都想"

的老千，则是心心念念，盼望离婚。似乎想念的程度越高，对婚姻的威胁性也更大。所以，很多女性想要以此衡量自己安全的程度，决定自己在今后的夫妻关系中该付出多少。

其实，这个思路反了。

看看受访者大 C 的话："说不想她是假的，我和她性生活的和谐是我老婆没给过我的。"这里面隐含的逻辑是：因为我和老婆的性关系不够令人满意，所以我会想念"第三者"。再看看老千："其实我曾经想和我老婆敞开心扉好好聊一聊，但是不行，她一点就爆，根本谈不下去。"这句话的含义是：我和老婆的沟通存在问题。

所以，并非越想念，对婚姻的威胁越大。而是婚姻越是存在问题，丈夫就越容易想念第三者。这个逻辑可以延展为：婚姻越是存在问题，就越吸引当事人外求。

所以，他想不想第三者，并不能决定关系，而是反映关系。

那么，什么才决定出轨后回归的关系？

老公出轨回归后，最应该关注的是什么

小 G 是我的来访者。她素来温柔体贴，却在丈夫出轨回归后，变成了"女侦探"。她会偷偷检查丈夫的公文包、衬衣口袋，寻找蛛丝马迹；在凌晨三点醒来，用丈夫的指纹打开他的手机，查看消息；她还会时不时刺探丈夫，追问第三者在丈夫心中的地位。丈夫越来越不耐烦，而小 G 也越发相信，晚归的丈夫，并非真心回归。

"我想证明他不会出轨，又想证明他再次出轨。"小 G 说。

　　小 G 有她的个人成长经历，这和她的原生家庭密不可分。但抛开那些成长经历暂且不论，小 G 正误入女性常常陷入的禁区。和许多女性一样，她变得惶惶不可终日，爱翻旧账，担忧未来，忘不掉，也走不动。

　　也和许多女性一样，小 G 的一只脚在过去，一只脚在未来，唯独没有活在当下。

　　事实上，决定修复关系质量的关键，恰恰在于一个又一个的当下。

1. 两人当下的互动模式

　　老千和太太，一谈就炸，无法深聊。婚姻中若有太多"不可深聊"，夫妻的疙瘩便会越来越多。所以老千说，这么多年，我受够了，孩子中考结束后就去离婚。

2. 当下情感需求有没有得到满足

　　橙子和太太，曾经有过许多委屈，而当这些委屈被呈现，误解被澄清，两人的情感需求得到满足，关系便被大大改善了，甚至较出轨前"升级"了。

3. 当下性生活是否和谐

　　大 C 出轨，除了一部分情感需求，第三者还满足了他相当一部分的生理需要，而他和太太，显然缺乏性生活上的交流和尝试。

　　如果上面几条都有良好的改善，你就能极大地减少回归方外求的可能性。至于回归方还想不想第三者，更不用考虑。

　　而许多女性的关注点，一开始就放错了。

　　更为重要的是，有时这种放错，非但不利于关系，反而起了破坏作用。

对于小 G 这样的女性，在丈夫出轨回归后，她们需要注意以下几点。

1. 莫翻旧账，莫追问细节

这是大忌，也最易"屡教不改"。对于出轨方来说，过往便是污点，他们都渴望能尽早翻篇。你提起，对方便容易恼羞成怒。

2. 增进双方的沟通

情感需求、性、冲突和互动模式，都需要充分、大胆以及耐心的讨论。你们可以坐下来，一个个地探讨两人的需要，以及解决方式。你们需要付出十足的努力，竭尽全力去改变。

3. 多多照料自己

给自己列个"照料计划"，运动、扩大朋友圈、重拾爱好……总之，是做一些能够滋养自己、让自己身心愉悦的事情。当你照料好自己后，你对他的过往及行踪的关注就会减少，身心就会放松；你的魅力也会随之绽放，会反过来影响你们两个人的互动。

总之，重建信任需要时间，老公回归后最重要的事情，是把握好一个个当下。你把无数个当下过好，就慢慢叠加出一个充满信心的未来。诚如访谈中橙子所说：出轨既是危机，又是关系的转机。

当然，冰冻三尺非一日之寒。改变需要付出很大的努力。

若你对未来婚姻感到恐惧和迷茫，不妨听听这番话

文 / 茗阁

十年后，校花离婚了

婚姻的小船，能够到达彼岸的大同小异，中途落水的却各有不同。

朋友小云，不久前离婚了。

她学历不低，薪资不低，是个标准的都市丽人。她从上大学起，就是被万千男生狂追的校花。

一别近十年，上一次见她，还是毕业不久后在她的婚礼上。

她和她的老公是相亲认识的，毕业不久，迫于家里人的压力，以及洗脑式的"你们很合适"的看法，他们很快便结婚了。

结婚前所说的那些美好的未来，却在婚后成了泡沫。结婚前说好的学着做生意，一起创业，遨游世界。结婚后便只剩下了游戏和无聊，老公之前的所有承诺像是只为了完成让她嫁进家门的任务一

样，结完婚后就不作数了。

想想真是有些莫名的凄楚，如此优秀的女生，却在婚后过上了如此枯燥乏味的日子。

她老公的家境是比较富裕的，而她父母极力促成这段婚姻的目的，也是为了女儿"嫁过去了之后，不愁吃穿"。这真是一个看起来很正确却又令人心酸的理由啊。

然而，看到不求上进的他，最终，她还是选择了离开。

几十年前，人们结婚想的是"嫁汉嫁汉，穿衣吃饭"，到如今不愁吃穿的时代，难道还能以此作为衡量一段婚姻是否幸福的标准吗？

人们内心的欲望已经膨胀了，生活上的温饱已经不能满足人们对于婚姻的心理需求。以前每天粗茶淡饭都可以活得很开心，现在日日金杯玉盏都会让人觉得无甚滋味。

幸福的婚姻，情投意合更重要

现在的婚姻，不仅仅是要门当户对，更重要的是情投意合。

今年去长沙的途中，我遇见了一对中年夫妻。因为我比较自来熟的性格，所以大家很快便熟络了起来。

他们相识已经 15 年了，恋爱两年，结婚 12 年。

我很少见过结婚这么久，还依旧保持恋爱新鲜感的夫妻。

在我向他们诉说着大多数人对于未来婚姻的恐惧和迷茫的时候，她丈夫的一番话，令我豁然开朗：

"如果你打算开始一段婚姻，那么你确定你们彼此喜欢吗？你确定要和这个人共度余生吗？

"如果你还在犹豫，那就先不要着急，不要为外界的压力所迫，大家都希望有情人终成眷属，却并不知道你是否会快乐。

"但是一旦你确定了双方合适，开启了一段婚姻，那就不要再犹豫。"

亲历婚姻，我才知道什么叫爱

他继续说道：

"我和她是大学同学，大三那年我们才第一次相遇，在学校联欢晚会上，她是最光彩夺目的，而我却是台下一个普普通通的工科宅男。三年颓废的宿舍生活让我对自己的外貌无比自卑，唯一值得称道的便只剩下一颗骄傲的心。

"那时候我就在想，我是配不上她的，那不如就做一个默默关注她的人吧，不出现在她的生活里，因为我好像无法给她美好的未来。

"就这么朦朦胧胧地过了一年，我们即将毕业了，我也痛苦了一年，毕竟谁也无法忍受自己喜欢的女神嫁给别人。

"我躺在床上，彻夜未眠。最终，我好像懂得了一个道理：如果你真爱一个人，你会因为她不优秀就不喜欢她吗，还是会因为她太优秀就不喜欢她？

"为了其他的东西牺牲了爱情，才是最不明智的表现。只有看破了这一点，你才能成为真正适合走进婚姻的人。

"因为这已经不是单纯的冲动、喜欢以及欣赏了。这是真正不在乎贫穷或者富有、疾病还是健康、顺境还是逆境，都将把对方当作自己托付一生的人。

"毕业典礼那一天，我鼓起勇气向她表白了。我只是说我很喜欢她，没有说要她怎么样。

"这其实是现在很多年轻人的一个误区——总觉得我喜欢你了，告诉你了，你就必须喜欢我，或者和我做男女朋友。殊不知，抱着这种心态恋爱的男女，容易得到的，也容易失去。

"我们开始交往了，这期间，我们就像冬天的两只小刺猬一样，想要相互取暖，却又不敢接近太多，怕伤害到彼此。我一直认为'磨合'这个词非常好，这可以让我们慢慢了解适应彼此，不急不躁。

"两年后，我们结婚了。

"其实在结婚前我们也有些恐惧，害怕如大多数人一样碌碌一生，没有波澜的生活对于我们来说简直无法想象。

"但尽管如此，我们仍旧结婚了。

"都说婚姻是爱情的坟墓，说出这句话的，大都是不善经营婚姻的人。

"曾经有一次，我们正在客厅里看电视，一只蟑螂爬了过来，她吓得花容失色，立马跳到了我的身后大声尖叫。

"那一刻我的男子汉内心得到了极大的满足。但是后来听侄女说，在奶奶家的时候，只有她和奶奶以及我老婆在家，一只特大号老鼠从厨房呼啸而过，老婆淡定地拿了一个勺子砸中了老鼠。"

婚后恩爱 12 年的秘诀

他跟我分享了四个婚姻幸福的秘籍。

（1）男人多多少少都要承担一些家务。这是对家庭负责，哪怕是简简单单的倒垃圾，只要分担了，就会让她感觉到，她不是在孤军奋斗。进入彼此的世界，是很有必要的。

（2）生活中可以经常参加另一半的聚会，工作中可以相互帮忙。比如上网为对方查找一些资料，这些都可以让对方感觉到你就在他（她）的身边。

（3）婚姻中不可能没有争吵，但是只要不涉及原则问题，不要轻易说分开，这是不成熟的表现。如果是男士做错了事情，一定不要单单地说对不起，这样显得很没有诚意。

（4）如果每天都是柴米油盐，当然会很烦。我们每隔一段时间都会放下一切，出去做一次短暂的自驾游。花草树木多的地方是我们的最爱，闻到了路边的花香我们就停下车，想到什么就说什么，尽情地呼吸大自然的空气，这一刻会让彼此的内心得到极大的释放，不再想家务，不再想工作，有的都是美好。可能会有一段时间无话可说，但是这安静，也是极为难得的。

这样美好的婚姻不仅可以给他们彼此带来欢声笑语，还可以给未结婚的年轻人一个充满希冀的梦。

很多人想要找一个性格合得来的人做自己的另一半，抑或是兴趣爱好、生活习惯一样的人。

　　章金莱（六小龄童）和于虹在一起之前，于虹曾说过她未来的另一半一定要如何如何，说了很多条件。但是，章金莱没有一条符合，但如今他们早已走过银婚。

　　可见，性格、兴趣爱好、生活习惯都不是大问题，在恋爱的磨合期，都可以慢慢调整到适合彼此的状态。但是原则性的价值观、道德底线还是要大体一致的，毕竟这决定着你们能否幸福地走到最后。

　　花有重开日，青春不再来。一个人的一辈子只有一次，如果你只是想马马虎虎地度过一生，自然可以如那无根的浮萍，随处飘零。

　　但是如果你还想有一些值得怀念的日子，在垂垂老矣的时候，躺在树荫下的躺椅上，向后人们诉说着这一辈子的精彩，那么，请你在婚姻开始的时候，就不要带着错误的想法。

实录：相亲结婚是否能长久

文 / 巫其格

在这个时代里，好像没有在校园里解决单身问题的话，进入社会后如果不通过刻意的渠道认识异性，想要"脱单"就难了。

据统计显示，有 40% 的人都是通过相亲交友认识伴侣的，其他很多也都是通过熟人、朋友、同事介绍认识的，真正靠自己认识伴侣的人比例很低，这也是交友软件长盛不衰的原因。

可能有人会觉得，自由恋爱的时代，相亲多么不靠谱呀。但在我问过不少通过相亲结婚的女性后，似乎有了不一样的答案。

相亲就是盲人摸象

@ 落落，相亲结婚 3 年

随着年龄的增长，家里一直催着我结婚，相亲了一场又一场，最后实在疲惫不已，便和感觉条件差不多的现在的老公结婚了。

如今结婚三年了，有了一个女儿，每一天我都过得不如意。

当初，我没想太多，感觉对方脾气性格不错就交往了。到现在我才明白，我还是该了解清楚对方的兴趣爱好，才能和他走进婚姻的。

就像我老公，他们全家都喜欢打麻将，在手机上打、聚会的时候一起打，一打就能打上一整天。而我对麻将一窍不通。

所以我们在家的时候就是各玩各的，没什么交流。我感觉才两年多，这样的婚姻生活就让我十分厌倦了。我浑浑噩噩地度过每一天，真的就是看在女儿的份上在熬着。

所以，相亲的时候一定要了解清楚对方的兴趣爱好，这关系到婚后你们是否能愉快地交流，是否有共同话题。

@夕夕，相亲结婚 10 年

我父母一直希望我能找一个本地人嫁了，这样最起码逢年过节的时候不用分居两地。

然后，我通过交友软件加入了老乡群，认识了我现在的老公。我们平常在群里聊得不错，线下见面后对彼此都有好感，在了解了各自的条件和性格后决定交往看看。

和他在一起相处的一年时间里，我们没有因为生活的琐事吵过架。我也从不矫情、挑事，不是那种动不动就问"你爱不爱我？"或者翻他手机的人，也保持着花自己的钱的原则。

在这一年里，他对我很上心，过节会送礼物、发红包，我说什么他都照办，什么事情都很尊重我。就这样，我们在年底结婚了。

我一直都在畅想未来，想和他有一个孩子，有空的时候全家一起出去旅行什么的。

然而就在结婚半年后，他告诉我他婚前因为在网上赌博欠下了 60 万元的债务，8 张信用卡都被刷爆了。在老家市里买的房子还有 20 多万的贷款没有还，他家里外债也有十多万，加起来居然有 90 多万的债务。

我听到这里，真的感觉天都要塌下来了。这笔钱对于我们这种小城市里的人来说，简直就是巨款。

因为这个人对我很好，我想着还是继续跟他在一起，一起还债，这之后几年我们的生活都很拮据。好在，我老公他自己争气，没有自甘堕落，花了六年的时间终于把"大窟窿"补上了。

一年前日子平稳些了我们才敢要孩子。结果最近，我发现老公又在网上赌博了，不知道以后又要面临什么事……

相亲是冷暖自知

@ 小茹，相亲结婚 5 年

很久以前，我曾经听过一个说法，说相亲是所有男女婚恋方式中结婚率最低、离婚率最高的。但就我看到和听说的，相亲最后成了的确实不多，但离婚的几乎没有。

我爸把以前一起在厂子里干活的兄弟的儿子介绍给我的时候，我心里很怕自己是相亲不成的那批人，好在现在我过得很幸福。

结婚五年了，过年那段时间疫情闹得比较凶，朋友圈里都在转载"一个女人因为老公藏起口罩而决定离婚"，我看着也是气愤难当，就随手点评了几句。结果当天回家，我发现我老公将他单位刚刚发的两个口罩中的一个放到了我的枕边。

我之前看某品牌官网有活动，就顺手给他买了一个刮胡刀。他乐得屁颠屁颠的，把这个小礼物放进他用来放贵重物品的抽屉里。

前几天，天气变化比较大，我有点感冒，晚上吃过药后睡下，一直出汗，感觉很不舒服。只要我一有动作他就会问我："哪里不舒服？要纸巾吗？"时不时地，他还会伸手摸摸我的额头查看温度。第二天上班后也是，他每隔三个小时都会从单位打电话来询问我"好点儿了吗"。

我觉得自己很幸运，相亲遇见了这么好的男人。

@ 淑敏，相亲结婚 20 年

我是 27 岁相亲时认识了现在的老公。我们那个时候不像现在有什么交友软件，基本都是左邻右舍的亲属朋友介绍认识的。彼此什么家庭条件都知根知底，起码不需要担心两个家庭有什么大问题。

我们第一次见面就在一个小饭馆里，他说话不多，但人很细心，很快就发现了我不能吃辣，让后厨又加了一道菜。

几次相处下来，我发现他虽然为人木讷，但温柔细心。没多久我们便领证结婚了。

结婚后我就没有出去工作，还喜欢买东西，尤其爱吃东西。孩子刚出生的时候，我连抱都不会，三个月没有给孩子换过尿布，孩子一哭我就只会喊人。每次晚上孩子饿了、拉了，都是老公起来哄的，后来我才慢慢学着弄这些。

如果说一定要挑出他什么毛病的话，那就是情商比较低。不过要是他能说会道，说不定也轮不到我了。

结婚 20 年，我们都变老了，孩子也长大了，虽然生活中偶尔也会有矛盾、争吵以及第三者的潜在威胁，但总体来说，我过得很幸福、很知足。

准备相亲时，一定要清楚的两件事

相亲只是一个认识新人的途径，本质上跟校园联谊、朋友介绍、社交软件是一样的，都是为了寻找爱情，只是目的性更强一些——大家抱着共同的期盼，希望能走进婚姻。

因为相亲到结婚的步骤大致如下：相亲，判断是否值得交往，判断是否适合结婚。

当你准备相亲时，你一定要清楚这两件事。

首先，其实你自己也明白，两个人之间没有什么感情基础，那么新鲜感消失得也会更快。

如果两个人不是一见钟情，天雷勾地火，那么建立亲密关系的动机，可能就是为了获得与无聊日常生活不同的新奇体验。简单来说，就是想找个人一起玩，一起开心，一起寻找正能量。

一开始就平平淡淡的感情，在恋爱之后，往往你会感觉，生活还是和原来自己一个人时一样索然无味，而且你们还要互相负担对方的情绪。这时，你们就容易对这段感情产生怀疑，进而对相亲这种方式产生怀疑。

维系一段亲密关系确实需要较强的动力。当然，之所以感觉这段恋爱很无趣，很可能是因为你们本来就不适合，或者你们都没有把自己的恋爱动机调整到最高。

所以，在相亲之前，你一定要做好你们的感情可能会很平淡的准备，更要克服一旦与自己想象不同就立马打退堂鼓而不努力尝试的这种"消极心理"。

其次，你要清楚，你是只想敷衍地完成"结婚"，还是为了爱情。

很多人觉得，自己跟谁结婚并不重要，觉得条件合适就可以领证、办酒席。然而，婚姻形成的条件绝不仅仅是外在的匹配，大部分也是需要前期去培养感情的。

所以，不要给自己设限，相亲是让自己多了一条认识异性的路径，这条路的终点是否幸福在于自身的衡量。

有些人，跟谁在一起，大概率都会幸福。有些人，跟谁在一起，大概率都不会幸福。

婚姻是需要经营的，要以真心换真心，我们需要有给自己和给对方幸福的能力。

为什么老公都怕"谈一谈"

文 /Miss 柳

当你在婚姻中遇到问题时，你会如何处理？

90% 以上的女人都会对老公说："我想和你谈一谈。"

不过，很少有人能谈出满意的结果。于是，最后沟通升级成吵架、冷战的，比比皆是。

这是因为，男人一般都不愿意好好配合。

为什么男人不肯"谈一谈"

"谈有什么用？"

大李承认，他的婚姻肯定有问题。

最近三四年里，他们夫妻两个人除了孩子的事情，没有任何其他的共同话题，要么各做各的事情，家里一片死寂，要么就干脆吵起架来。

但是谈又有什么用呢？上次不就是因为妻子要谈一谈，结果两个人说着说着就变成了吵架，之后又升级成冷战，好几个月都没有缓过来。

妻子一气之下回了娘家，他带着儿子去接，还被岳父、岳母、小舅子一通指责。

这"谈一谈"的代价，也太大了。

大李不知道问题到底出在哪里。他一没出轨，二没家暴，每个月的工资都如数上交，也没有不良嗜好，除了偶尔应酬喝个酒，平时连烟都已经戒掉了。

但也不知道为什么，妻子永远都能挑出他的不是来。现在的生活就是一地鸡毛，没意思透了。

反正谈也谈不妥，惹不起，那还躲不起吗？

"根本没问题，她就是找碴！"

刚领证半年的阿镜吐槽说，老婆就是个找碴小能手。

他吃完饭没有立刻去洗碗，老婆要找他谈话，说他大男子主义，不做家务；

他没有把内裤装进洗衣袋里洗，老婆要找他谈话，说他卫生习惯太差，不健康；

他周六熬夜多打两局游戏，老婆要找他谈话，说他正事不干，没有责任心，以后对孩子起不到榜样作用；

……

阿镜感觉自己简直就像回到了小学时候，被班主任训话的时光。

阿镜认为，他婚姻里所有的问题，都是被老婆一手"创造"出来，并且无限放大的。

而在老婆眼里，阿镜幼稚、没有责任心、沟通共情力差，简直一无是处。

所以，他们始终没有成功地"谈"过一次，而婚姻生活也从新婚时的如胶似漆，沦落到现在濒临离婚的状态。

"谈也解决不了问题。"

瑶瑶的老公去年出轨，被她抓了个现行。

老公道歉了，悔过了，还写了保证书，保证以后回归家庭，一心一意。

老公回归之后，瑶瑶总觉得哪里不对。她倒也没有发现老公和第三者藕断丝连，但婚姻关系突然变得冷淡而尴尬。

两个人在人前偶尔还会秀个恩爱，私下里就冷淡客气到像刚认识的陌生人一样。

每当瑶瑶试图和老公谈一谈，找出问题的根源时，老公都会立刻退避三舍："我都已经保证不再犯了，你还要我怎样？"

他也不是不知道婚姻有问题，但这个问题要解决起来，好像又太麻烦了。有必要折腾吗？

总之，他一点也不想把之前那些尴尬的事情再翻出来说一遍，忏悔一遍。

问题是，他如果不肯谈，瑶瑶一生气，就会忍不住把旧事翻出来，再和他理论一番。

两个人就这样相互耗着，谁看谁都不顺眼。

"不是都已经谈过了吗？"

小于就是弄不明白，为什么他的老婆总是哪壶不开提哪壶。

比如之前坐月子，婆媳之间因为育儿观念问题闹了一点不愉快，他没有第一时间站好队，就被唠叨到了现在。

现在，老婆动辄就是："关于我跟你妈之间的相处问题，我们谈一谈吧。"

两人也不是没有谈过，但老婆一谈就谈得声泪俱下，最后的落脚点永远是"你们一家人合起伙来欺负我"。

而且，一旦触及这个问题，老婆就变得特别难哄，非要把他折腾得脱几层皮才罢休。

有好几次，老婆半夜把他摇醒，说是要敞开心扉谈一谈，完全不顾及他第二天还得早起上班。

小于觉得，既然谈不出个结果，那还不如别谈，省得又闹出其他的事端来。

婚姻出现问题时，男人到底是怎么想的

对于绝大多数男人来说，好的婚姻关系其实很简单——两个人相互看得顺眼，能吃到一起，睡到一起，说到一起，就可以了。

因为要求比较简单，所以他们对于婚姻问题的感知能力就没有女人那么敏锐。

当女人已经觉得婚姻濒临破碎时，男人可能还觉得自己对婚姻关系的满意度达到 80% 以上。

所以，当你对你的老公说"我想和你谈谈"的时候，他的第一反应通常是有点蒙。你所认为的问题，他十有八九并没有感受到。

就像阿镜，他并不觉得那些生活小事有必要"谈谈"。

另一种更常见的情况是，老公们害怕遭到妻子的指责，不愿意直接面对妻子的不满。

相比于女人，男人的自我保护机制更强大，也更不擅长真实袒露自己。他们以逃避的方式来处理问题，好像只要自己没有看到，问题就不存在。

尤其是当他们自己也觉得内疚或心虚时，反而更不愿意把伤疤揭开，而是竭尽全力地试图维护表面上的和平与稳定。

他们最经典的一句台词就是："现在不是好好的吗？"

对于大李、小于，以及瑶瑶的老公来说，"谈谈"意味着情况有可能失控，掀起不愉快的波澜。一想到失控之后将会造成的情绪和精力的消耗，他们宁可保持目前的沉闷状态，装聋作哑，也不愿意冒险。

女人如何轻松有效地搞定婚姻问题

但对于女人来说，男人的逃避、退缩，往往会触发其内在的伤痛感："他为什么这样对我？我就这么不值得被好好对待吗？"

于是，女人会尝试用各种方法打破沉默，打开男人那个坚硬的外壳，希望对方至少给自己一个信号，让她觉得自己是被爱、被在乎的。

可惜，你越用力，对方缩得就越深，逃得就越快。

来访者小冉告诉我，为了能够迅速高效地跟老公沟通，她甚至会事先列好提纲，想要在对方启动逃避机制之前，迅速抛出重磅级的问题，把他"抓"住，逼他面对。

后来，老公一回家就赶紧把自己关进书房里，说要加班。

许多婚姻，都毁于用力过猛的沟通。

那么，当伴侣逃避的时候，女人怎样才能更轻松地搞定婚姻问题，并且让自己保持舒缓的心情呢？

首先，你要优先照顾好自己的身心感受，不要试图做一个完美的妻子。

你之所以着急地想让对方回应，其实就是因为内心没有那么认同和接纳自己，没有先给自己充足的爱。

学会接纳自己的情绪，这样才能为自己和对方创造一个相对宽松、舒适的沟通氛围。

其次，多给对方一点空间。

提出你的核心诉求之后，不要急于催促对方回应，更不要攻击对方，而是可以先放一放，让对方有时间觉察和自省。

小冉在屡次沟通无果之后，学会了给老公留余地。她对老公说："我的想法已经说完啦，不过你不用急着现在就回应我。"

然后，她就打扮得漂漂亮亮，约闺密出去喝下午茶了。

这样几次下来，老公反而开始很主动地找她聊自己的想法，两人的关系也轻松、真诚了很多。

亲密关系中的沟通，有点像商业谈判。急躁冒进的那一方，注定会输得很惨。而你越是从容不迫、内心稳定，越是能够拿到主动权。

第四章

自我疗愈：如何走出伤痛，找到更好的自己

被骗当第三者的我，以这样的方式获得了重生

文 / 苏木

我叫苏木，32 岁，工作体面，生活在三线城市。我的性格乐观开朗，对生活有规划，向往自由，曾经还有个可以称之为"灵魂伴侣"的男朋友，万万没想到的是，就是这个温文尔雅、我以为是挚爱的人，给我带来了致命打击。

始于一次和谐的医患关系

我和他的开始，始于一次温暖的帮助。

有段时间我的身体状况不是很好，去医院复查时，一时迷了路。正当我一筹莫展之时，突然一个好听的声音在我耳边响起："需要帮忙吗？"

我转过身，映入眼帘的是一个高高的，有点壮，但很白净的年轻男医生，他引导我找到了做相关身体检查的地方，还写了联系方式塞给我，并告诉我他是这里的规培大夫，有问题可以尽管问他，

就急匆匆地走了。

就在我快要忘记这件事情的时候，我收到一条询问复查结果的消息，才想起是他。

之后我们会偶尔聊天，一来二去地熟络了起来，我知道他是某沿海城市人，学骨外科的博士生，对自己的专业和职业有信仰，话不多，谈起工作来眼里会有光。

他自信、阳光、沉稳却又不失孩子气，话少，却能极其专注而耐心地听我说话。

我会讲一些工作中的不如意，他会开导我，然后给我一些建议。

我会讲生活中搞笑的事情，他也会很默契地跟着开怀大笑。

虽然过了被荷尔蒙操纵的年龄，但我慢慢被这些细碎的小事打动了，半年左右我们很自然地在一起了。

平时我会忙自己的工作，他每天也忙着做实验、做手术、值班、接急诊。周末我们会约着一起吃饭、看电影，或者一起泡图书馆查资料，生活过得简单而充实。

我们属于非典型的姐弟恋。我比他大四岁，但在感情里，我更像个孩子。我生起气来会冷战，他会给我买喜欢吃的蛋糕；他也会在我生病时，值完夜班后二十四小时守候在我身边；他还会在节日里给我买来幼稚却可爱的玩具礼物。

原生家庭缺爱的我，很难信任别人的我，渐渐地将心房打开，并笃定地相信了这就是我想要的爱情。

即便后面的事情是那么的"狗血"，我至今仍觉得，我们在一起的日子是真实的、纯粹的、浪漫的、温暖的。

突如其来的"狗血"剧情

平淡而不失浪漫地度过了两年多，我们迎来了他的毕业。

他是家中独子，决定回到家乡，我想，爱一个人是需要牺牲和付出的，即便放弃自己如日中天的事业。于是我开始瞒着他投递他家乡单位的简历。

当我沉浸在爱情的美好中时，突然有个女孩加了我的微信。通过后，女孩自曝家门，说自己是他的女朋友，他们在一起四年多了。

仿若一个晴天霹雳，我的大脑一片空白，我没有回复那个女孩，而是拨通了他的电话，平静地问他："是真的吗？"

沉默了良久，他说："是真的，对不起。"还说自己两边都放不下。

那一刻，我感觉世界都崩塌了。我以为他疗愈了我原生家庭的伤害，没想到他却在那一瞬间把我推向了更加黑暗的深渊。

原本以为是圆满的爱情，居然是建立在对另一个女孩情感伤害上的笑话。我感觉自己的智商受到了侮辱，尊严遭到了践踏。

那个时候我几乎完全崩溃了，情绪极端，想要跟他同归于尽，玉石俱焚，觉得自己的人生已然彻底失败。我把自己关了起来，很长一段时间，都无法正常进食，并且长时间失眠，体重也跌到了历史最低值。看着窗外，我甚至想到了死亡……

突然有一天早上，我看到了窗帘缝隙中的一丝阳光，觉得自己还年轻，还有爱自己的父母家人、钟爱的事业，只是遇到了一段失败的感情，何况自己没有做错什么。

随后我拨通了他的电话，约他出来聊聊。他讲了他这几年的心路历程，看着他那张曾经熟悉的脸，我突然觉得好陌生。原本我觉得我对他很了解，没想到还有这么多我不了解的事情。

这深不可测的人性。

跟他分别后，我拉黑了他所有的联系方式，开始了自己的疗伤之旅。

我去了一直想和他一起去却没来得及去的地方旅行，见到了不同的人和风景，洞悉了自己的渺小。

我去大学学习了一直耽搁的课程，身边的学弟学妹都很年轻，阳光而活力十足，我感到了生命的灵动。

我去健身房跟男人们一起举铁，明白了原来不只有爱情才能分泌多巴胺。

遭遇情感伤害后的自我成长

在自我疗愈的这六个月中，我总结了如下经验与大家分享。

（1）在最初的情绪波动期，接纳自己所有的情绪，用相对健康的方式去宣泄情绪。

（2）情绪缓和期，正视情绪，要勇敢地独自去面对已经发生的事实，反思和总结。

（3）法律和道德都没办法维护自己的时候，先放过自己。

（4）我参加了自己感兴趣的各类活动，读了很多好书，看了很多很棒的电影，而且在这个过程中认识了很多学识渊博、热爱生活的朋友。

那段黑暗的日子多亏了朋友的陪伴，我才更快地回到了自己热爱的生活中。

写下这篇文字时，离"狗血"的往事，已经过去六个月了。

我感觉自己又慢慢地活过来了，重新成为那个热爱生活、乐观豁达的女人，而且比过去更多了份深刻的人生经历。

在通往 33 岁的路上，我依然相信爱情，依然相信美好的发生。

复婚这条路，到底是重蹈覆辙还是失而复得

文 /Ditto

01

提起"复婚"，有人的第一反应是重蹈覆辙，有人则感觉是失而复得。

其实，有时候重蹈覆辙和失而复得，往往只是一念之间。

人生不可能是完美的，但人生的意义就是把不完美的事情不断修正到更好。

犯错从来不是最可怕的，对犯过的错误没有正确认知才是。

02

@S 先生，30 岁

我和老婆恋爱 13 年，结婚 6 年。可以说我这辈子从没想过和除了她以外的女人一起生活，然而我们却在去年离婚了。

理由很无奈，就是这个世界上最爱我的两个女人水火不容。

有时候人和人在一起的磁场真的是很奇怪。我老婆温柔体贴，我妈妈细心能干。按说这两个性格、脾气都很好的人，相处起来应该没什么问题啊，但我确实低估了婆媳关系的复杂程度。

没孩子前还好说，有点小摩擦我在中间调和一下也就过去了。但自打有了孩子，我妈过来帮我们带孩子，平时那些只能在新闻上看见的事儿都真实地发生在我家了……而且几乎每天都不重样，旧的矛盾还没解决，新的问题就又来了。

孩子出门穿几件衣服要吵，喂饭能不能直接用嘴吹要吵，孩子晚上跟谁睡要吵，该报几个课外班也要吵……家里整个就是硝烟弥漫。

后来我越来越不爱回家，两人最终矛盾升级，老婆带着孩子回了娘家，并发来了离婚协议书。

签字离婚，一周完成了。

离婚的前两周，家里是真的清净，我妈不用看孩子，回自己家了。两周后的我，听着孩子在电话那头叫我爸爸，心都要碎了。

我开始反思，是不是因为我作为一个丈夫和一个儿子，没起好我应有的作用，才导致整个家庭支离破碎？

我开始尝试沟通，发现我妈那边开始说小玉（前妻）挺好的孩子，都赖我啊！前妻那边也说，我跟你妈其实没有多大的矛盾，都是为了孩子好，但她有的教育理念我是真的不太认同！

后来我去看我妈，去我前妻那儿看孩子，我都会带点礼物。比如去我妈家，我会带一个颈部按摩仪，就说是小玉给她妈妈买的，让我给你也带一个。去我前妻那儿，我就带几件孩子的新衣服，还有一套女士真丝睡衣，我就说是我妈让我给你和孩子买的。

这么一来二去，我发现她俩的态度都开始有所改变，总问我关于对方的近况。后来我妈说想孩子，我借机把前妻接回家了。那天竟然格外和谐。

我妈那晚跟我说，你俩能复婚就复婚吧，我只要求周末能看到孩子就行，平时你们需要我我就去，其他时间你们找保姆吧，我就不跟你们掺和着过日子了。

我把这话转述给前妻，她竟然哭了……

后来我俩就去复婚了。我妈现在一周来家里两次，我老婆每次在我妈来的时候，都会买好多进口的水果让我妈拿回家去吃，别舍不得。

一个男人最大的欣慰也不过如此了吧。

@L 先生，36 岁

我和老婆是在校友会上认识的，我对她一见钟情，结婚八年了，我对她一直很疼爱。可她这个人有个毛病，就是特别疑神疑鬼，算是个极度没有安全感的人。

刚开始结婚那几年，新婚嘛，我还能忍。但后面越来越严重，和同事的任何聚会她都要跟着；只要她在我身边，我所有的电话和微信语音都要放出来让她听到；只要我身边出现女同事或者女客户，她整个人立马就紧张起来，然后要把这个人的信息问个底朝天。

后来我真的累了，沟通无效后，我们开始冷战，分居。最后她心灰意冷提出离婚，我独自搬出去住了。

离婚后的日子怎么说呢，自由是自由了，但没了家的热闹，总感觉日子缺了点什么。但当时我想，那种每天像是被当成犯人审讯的日子，我再也不想过了。

后来的某一天，我还像之前那样翻前妻的社交账号时，发现她一直点赞一个账号，我点进去看了半天，发现那是她的小号。里面像日记那样，记录了我们两个人从谈恋爱一直到婚后的一些幸福时刻，有我们恋爱时甜蜜的小细节，有我向她求婚那晚她激动的心情……当然还记录了后来我对她的不耐烦和冷漠，让她心碎。

后面还有她写的自己小时候的一段经历。她的妈妈曾经带着她去堵她的爸爸和第三者，这让她对感情这件事有了阴影，特别恐惧被背叛。这件事她从来没有对我说过，我瞬间理解了她的那些行为。

那晚我一宿没睡，天亮后我给她发了一段很长的微信，我说之前是我忽略了你的感受，你是因为爱我才会害怕失去我，而我也爱你，我愿意以后给你足够的安全感，我们复婚吧。

现在我们复婚七个月了，我会跟她主动聊起公司的事，还有我们共同的朋友，不再像以前那样懒得解释。她也改变了很多，不再那么敏感，开始专注自己的事，这不，最近她就爱上了做甜品。

说实话，我们现在的感情甚至比之前更好了。我觉得是因为懂得了，所以珍惜了。

@D 先生，45 岁

疫情期间，孩子往家庭群里发了几张我前妻做饭的照片。离婚快两年了，我也就每年春节回去和孩子聚一下。这次孩子发的照片，是她们娘俩在家里研究厨艺。两人玩得很开心，只是放大照片后，我发现前妻的白头发好像又多了，视频里的她也显得没有以前那么雷厉风行了，动作变得比之前慢多了。

我们是相亲认识的，两家父母本身关系也不错，于是我们顺理成章地就结婚了。

她注重养生，还有洁癖。结婚二十多年，我每天被她管着抽烟喝酒，恨不得精确到一天几根烟，一个月喝酒不能超过五次，还都给我记上，还有晚饭必须喝一碗粥，以及只要从衣柜里拿出来的衣服，就算不穿，也要洗了才能放回去。

我当时真的受够了，孩子一高考完，我俩就把离婚手续给办了。

疫情这段时间，看了那么多不能和家人团聚甚至失去至亲的人的痛苦经历，我突然发现我们之前的吵闹、指责瞬间不值得一提了。

我想起孩子高考那年，下雨天我给孩子送饭时摔倒，腿骨折，在床上躺了一个多月。那一个多月她每天给我煲汤，给孩子做三顿饭，自己还要上班。

还有一件事，我姐夫有一年投资被骗了 80 万，我姐几近崩溃，前妻主动跟我提出从家里拿出 15 万给我姐救急，不要让一个家散了。

……

类似的事情一件件涌现在我的脑海里，我突然意识到，原来是我们一直把注意力放在了那些琐碎的争吵中，而忽视了家的爱和温暖。

后来我在群里回了一句："新炖的排骨还有爸爸的份儿吗？"孩子回："有！"前妻也回了一个笑脸的表情。

上个月复工后，我俩做的第一件事就是去民政局复婚了。又"结了一次婚"，我也终于体会到了那句话：老伴，老伴，老来相伴。

03

面对婚姻危机，我们该如何应对？

1. 及时沟通

S 先生对于婆媳关系的做法非常值得借鉴，但如果一开始他能和妻子及时沟通，恐怕也不至于走到离婚那一步。

我们大部分人在婚姻中遇到问题时，第一反应总是躲避。要么嫌麻烦，要么觉得自己解决不了。多少人的婚姻都是这样走散的。

再美好的婚姻生活也有它的问题。有人抱怨生活的难题好多啊，但我们只要培养解决问题的能力，积极地去面对，那生活反哺给我们的，也一定是正向的反馈。

2. 懂得包容

一个人的原生家庭对他的影响到底有多大，众说纷纭。毋庸置疑的是，L 先生的妻子童年时爸爸出轨的经历，确实给她带来了不小的负面影响，已经直接影响到她后来的婚恋观和婚姻生活了。

幸运的是，L 先生在离婚后，还在关注前妻的动态，并了解到了那段妻子不想说出的经历。

走入婚姻中的两个人，肯定有互相吸引的地方，但更多的是，我们要包容对方和自己不一样的地方。出现了对方让自己难以忍受的问题时，要么去包容，要么去了解其根源。

如果 L 先生在一开始就对妻子耐心一些，引导对方说出自己的真实想法，让妻子感受到自己被关注、被重视，那当初可能就走不到离婚这一步了。

3. 学会留意

疫情暴发后，多少人开始刷屏，"珍惜眼前人"，刷完后，可能又抛在脑后了。

结婚二十多年的 D 先生，在被唠叨了那么多年后，可能已经忽视了妻子这么多年对家庭的付出，离婚后才开始慢慢认识到，只有家人才会这样关心自己，哪怕看上去有点严苛，可是你看到的，却永远只是她在管束你。

女人希望男人少抽烟，男人希望女人少唠叨，这看起来是永远无法解决的问题。可是大家似乎都在纠结于我要"彻底"改掉他（她）的毛病，但彻底改变一个人，可能吗？

人与人之间的相处方式从来都是求同存异，而不是"改造"。

多留意亲人一点一滴的付出，这样当你发现对方的一些小毛病时，你也不至于避重就轻，生出诸多埋怨。多把目光放在对方的优点上，那些不重要的细节才不会吞噬幸福。

写在最后

婚姻是我们一生都在学习的一门学科。我们有幸与自己爱的人进入婚姻，但之后会经历各种难题、考验，还有未知的突发事件，多少人因为冲动和没有自信解决问题而放弃，但是放弃永远不等于解决问题。

你对婚姻的态度以及你对婚姻问题的认知能力，决定了你的婚姻生活的走向。

这三个复婚后"失而复得"的真实案例想告诉你的是：

追回幸福是需要行动的。婚姻中犯过的错，最后是变成你的伤疤，还是变成婚姻关系更坚固的基石，都取决于你自己。

给已婚女人和未婚女人的六条婚姻建议

文 /Ditto

01

写在前面

若你被这个标题吸引住，那你一定对如何经营婚姻这个话题感兴趣，并且愿意为此付出努力。

我们肯定都听过很多幸福的婚姻故事，但一定没听过：婚姻很简单，婚姻不需要经营。

婚姻真的是需要好好经营的。

但不论我告诉你多少关于经营婚姻的"干货知识""幸福秘诀"，生活都是需要你去感受和体验的，因为如果你没有自己的感悟和真正的行动，那你永远都只能停留在"我想想"的层面。

婚姻如此，生活的其他方面也如此。

02

走进婚姻生活后,怎么一切都和我想的不一样?

问题1:老公没有恋爱时对我好了

"恋爱时我俩可好了,恨不得天天见,每次见面后都难舍难分。我以为结婚了,我们就能一直开心地在一起了,没想到他天天下班就是玩游戏、看视频,也不爱带我出去玩了。男人结婚后就会变,这难道真的是不变的定律?"

解决方案

多少人被那些可怕的"潜意识"给影响了,比如:"男人结婚后肯定不会对你好了。""珍惜恋爱的时光吧,因为结婚后,男人一得到你立马就失去耐心了!"

我想试问一下,如果刚结婚时你就带着这种想法去生活,那你们的日子能过好吗?

恋爱和婚姻本身就不是一回事,你把恋爱当成结婚谈,或者把结婚的日子当作恋爱过,注定是会失望的。因为万物都有它本身的规律,混为一谈的后果只能是越过越乱。

老公一回家就玩游戏,你可以和他沟通,问他是因为工作太累还是压力大,怎么不爱带你出去玩了呢?如果这本就是他的一个爱好,你是不是也可以尝试理解,然后培养自己的爱好呢?比如他玩游戏的时候,你看穿搭视频。他玩游戏结束了,你也看完了,再一起去吃饭。

我们和爱的人进入婚姻后，就要一起携手解决生活中的各种问题，然后一起享受快乐，而不是每天活在焦虑中，去证实那些还没发生的"定律"。

问题 2：老公说我婚后就别工作了，我该听吗？

"我老公这两年生意做得不错，我俩一结婚他就跟我说让我辞掉工作，专心在家带孩子，陪老人。我动摇了，公司每天一堆杂事，挣的钱还只是我老公的零头，但看到网上那些为了家庭放弃事业的妻子们，后来的婚姻大多都出现了问题，在家里渐渐没有了发言权。于是我又犹豫了。"

解决方案

简单直接地告诉你：你的犹豫是对的。

其实这个话题已经被大家讨论得够多了，其中的弊端我就不过多赘述了，只想再强调一句：你不仅仅在婚后生活阶段不能放弃自己的工作，工作就是你的社会价值，生活中的每个阶段你都不应该放弃它。

有人可能会举那些家庭主妇做得很成功的个例，但大家一定听过那句话：这个世界上最难的职业，就是做一个家庭主妇。

如果一个女人，家庭主妇做得如此成功，把家里的一切安排妥当的同时，还不忘提升个人魅力，那她自身的能力，也绝不仅仅局限于这一个家庭中。

问题 3：总担心老公出轨怎么办？

"我身边的几个姐妹都遭遇过被老公背叛的事，我有时也不禁往自己身上联想，要是这事发生在自己身上怎么办啊？想多了之后就发现我整个人越来越敏感，老想查我老公的手机……"

解决方案

如果一个人整天活在患得患失的状态中，那不管原本多么美好的生活，最后恐怕都很难如愿。

我常说一句话：人要有随时面对和处理危机的意识和能力，但要怀着美好的希望去生活。

每个人的生活都有出现危机的可能性，但这并不意味着我们每天都要以警惕的状态去过日子，那样未免也太累了。

你越担心另一半会出轨，越代表你不自信。当一个人内心足够强大，并且懂得不断提升自己在一段感情中的价值时，他是难以被外界的负面信息所干扰的。

问题 4：老婆总管我，我一点自由都没有！

"结婚后老婆天天管着我，我干什么她都看不顺眼！几乎我的每件事她都要参与，还说这是爱我！我真的快疯了！"

解决方案

这里妻子说的爱你，我是相信的，我觉得你应该也是相信的。但你说自己快要疯了，我也能理解。这就要说到亲密关系的空间感和相互理解的问题了。

女人相较于男人，天生敏感细致一些。很多女人对爱人的体贴事无巨细，但时间久了，也要看爱人是否真的需要和接受。如果不给对方需要的空间，难免会让对方不舒服，喘不过气。所以女人也要经常审视自己的"爱意"。

但作为男人，你也应该尽量去理解妻子的这种行为，可以在表达理解的基础上，尝试去沟通问题。一切良好关系的基础一定缺少不了良好的沟通。

问题5：老婆经常拿我和别人比，我听着不太开心

"我和老婆的月薪加起来约15000元，在当地算可以了，日子过得也比较滋润。但老婆经常抱怨，还总是拿别人举例，说谁家又开了个店，要不就是哪个闺密的老公又投资了什么项目，大赚了一笔。"

解决方案

我想对这种妻子说，其实每个家庭的真实情况你都不清楚，也许你看到的只是别人家总能赚大钱，但也许别人也在羡慕你们一家三口每天都能在一起吃晚饭。你可以和老公一起规划未来，但不要一味地抱怨，这样很伤丈夫的自尊心，还会影响家庭的和气。

问题6：我离过婚，总觉得说出来挺丢人的

"我当时年纪轻轻就结婚了，没考虑清楚，后来离婚了，突然觉得人生无望了，感觉人生有了污点，不知道该怎么继续追求爱情了。"

解决方案

离过婚，就没有幸福的权利了？

如果一段感情或一段婚姻的成败对你如此重要，甚至严重影响到了你的正常生活，那我反倒认为你可能还不适合进入下一段感情。

你要想明白一点，那就是一段感情或者婚姻经历，也仅仅是你人生的一段经历而已，它与其他经历一样，都有失败的可能性。

不管经历任何一段的失败，你都不需要全盘否定自己。

03

写在最后

希望看到这里的你，不论现在的婚姻状态是怎样的，未婚、已婚或者离婚，都能明白一点：

一段亲密关系的经营并不是你看了几篇文章，收藏了几个"幸福婚姻法则"，就能一劳永逸的。凡事的成功都需要一个人的用心，婚姻更是如此。

一段好的婚姻让人如沐春风，其实不过是需要你在日常生活细节上稍加注意，不要把日子过得"太任性"。

最后，愿我们都能幸福。

离婚变得很轻易？一个你必须克服的离婚恐惧

文 / 郭友强

　　某个周末，好友甜甜突然联系我，说想和我这个搞心理学的聊聊天。

　　直觉告诉我，她可能是感情上出现了状况。

　　我们约好在一家咖啡厅见面。刚坐下不久，她就眼睛红红地告诉我："我上个月刚离婚了。"

　　"最近我过得很不好，每天都胡思乱想，看到他现在像个陌生人一样对我不管不顾，我就常常回忆起以前那些幸福的日子。我骂他，也骂我自己，到底是怎么了，非闹到离婚。

　　"我现在每天都很难过，很煎熬，我该怎么办？这样的生活让我每一天都过得很辛苦。我现在是不是有了什么心理问题？我该怎么办啊。"

　　我静静地听她说完，又询问了一些其他的信息。

　　我说："别那么着急着开心起来，现在的难过也不一定是坏事。"

　　甜甜听我这么一说，好像有点蒙，愣愣地看着我发呆。

为什么人在离婚后总是纠结那么多？

因为恐惧。

我们恐惧的是什么呢？

是毁灭性的焦虑。

从关系中分离回到一个人，这种感觉熟悉且难受

当孩子逐渐长大，开始建立依恋关系时，他们会特别黏着妈妈，就像跟屁虫一样，害怕跟妈妈分离。

在这个阶段里，如果母婴关系不稳定，比如妈妈可能由于工作的原因，总是在孩子的世界中突然消失，孩子的内心便会总是忐忑不安。这种焦虑便是分离焦虑。

成年后，只要面对人生的分离场景，他就会被拉回小时候那种妈妈突然消失，自己无论怎么哭喊也没有回应的噩梦中。

而人生重大的分离，莫过于离婚。

甜甜便是从小饱受这种分离焦虑困扰的人。

小时候，甜甜的爸爸在很远的地方工作，一年只有春节才能回来，妈妈为了贴补家用，下午经常外出做一些零工。

甜甜不愿意妈妈离开，总是哭闹着不让妈妈走。为了避免这种情况，妈妈总是趁着甜甜睡着时，悄悄地出去，然后把门锁好。

于是对于甜甜来说，她不得不经常面对的一个情况就是，睡醒了，却发现只有自己一个人在家里，无论怎么哭闹，也没有一点回应。

结婚后，这种童年的经历仍然在影响着甜甜。她对老公控制得很严格，生怕老公出现一点要离开自己的迹象，还时常给老公设计各种考验，来验证老公对自己的心。

只有做足了这些功课，她心里才稍稍踏实一些。

但是，她却忽视了老公也是一个活生生的人，他也有自己的想法和需要。每天被监视，有什么活动都需要汇报，还经常需要面对伴侣无理取闹式的考验，时间一长，他发现婚姻只会让自己身心俱疲，于是坚决地选择了离婚。

甜甜也不得不回到那个困扰她多年，熟悉且难受的感觉中。

自己变得如此的无力

我在咨询时，曾遇到过不少这样的女性来访者。她们不知道自己是好是坏，自己的看法完全依赖于别人的评价与回应。

受到丈夫的一点指责，她们就会觉得自己很差劲，什么都做不好。

有的来访者甚至在丈夫出轨后，都感觉不到愤怒，来做咨询就是为了让咨询师告诉自己，自己哪里不好。

感情上的挫折，让这些女性觉得自己的整个人生都遭到了否定，更为不幸的是，她们还对此深信不疑，于是便被深深的无力感困扰住。

这些女性来访者往往都有一个共同点，那就是"自恋的品质"不合格。

　　一个人的自恋品质，与在童年时期与养育者之间的互动模式息息相关。只有在童年时得到了来自养育者的充分肯定与关爱，才能发展出健康的自恋品质。

　　如果没有足够的爱与肯定，个体便会出现不合格的自恋品质，与之相伴的是过于在意他人评价的表现。

　　离婚让我们异常痛苦的最主要的原因，就是我们受到了最亲密的人给出的最大的否定。

　　这个否定让自己觉得自己是一个不值得被爱的人，什么都做不好。然后开始不断地进行自我否定。

　　而离婚之后，长时间的挫败感和自我否定，也让女性进入一个让自己更加无力的恶性循环中。

如何走出上一段婚姻的阴影

　　接纳已经发生的事和自己的情绪。

　　对于任何人来说，结束一段关系都是一个重大创伤，而创伤形成的原因，其实就是一系列事件的发生和对这些事情及情绪的不接受。

　　一个问题发生后，面对、正视和接纳自己的各种情绪，是解决这个问题的前提。

　　如果创伤过于巨大，或者我们缺乏情绪的自我整合能力，我们就很容易让自己走入一个误区之中——开始无视自己的创伤和各种负面情绪，希望自己保持快乐，告诉自己那个男人不值得，自己和他分开是幸运的事情。看似坚强的背后是对悲伤的漠视，但漠视不等于不存在。

心理学上有一个词叫作"情绪无能者"，就是在说这群漠视情绪的人。

我的一个来访者，和她老公是经人介绍认识的，当时觉得彼此的条件都不错，就在一起了。可结婚后她才慢慢发现，自己的老公就是一个情绪无能者。

孩子生病了，他一点都不担心和着急，反而心平气和地说着妻子这里处理得不对，那里处理得不好；自己上班被领导骂了，却能赖到妻子早餐不合口味上。

他的生活中只有是非对错，却没有喜怒哀乐。

他没有办法去接纳自己的情绪。

不管是分离焦虑，还是自恋品质不合格，抑或是情绪无能者，这些童年创伤的修复都不是一朝一夕就可以完成的。而从大的悲伤之中走出来，也注定要花很长的时间。

接纳自己讨厌的样子。

我真的讨厌自己每天心情低落，我想快点变回过去那个快乐的自己。

当我们被自己不喜欢的情绪围绕时，我们会不喜欢自己现在的样子。

但情绪是没有对错与好坏之分的，每一种情绪都有它的意义和价值。即便是我们不喜欢的情绪。

就像电影《头脑特工队》中，每一个情绪的小人，都在用自己的方式保护自己的主人。

恐惧会保护我们免受伤害;愤怒会使我们明白自己的权益正在受到威胁;厌恶会让我们身心舒适;快乐帮助我们和他人愉快相处;忧伤让我们获得支持,勇敢面对失去。

但如果偏激地让某一种情绪主导了身心,都可能出现不可挽回的后果。

也许我们真的不喜欢自己伤心失落的样子,也许我们太希望自己能快些从糟糕的情绪中走出来。

但我们往往忽略了,那些糟糕的情绪恰恰是最真实的。如果把真实的自己藏起来,去强颜欢笑,那么快乐又有什么意义。

很多时候,我们不能无视自己就是很糟糕的事实,这是成长的代价,而学会让自己接纳,恰恰是最珍贵的成长。

那些娶了第三者的男人，最后怎么样了

文 / 当真

网上有一组数据表明，那些因为出轨而离婚的人，最后只有10%选择了和第三者结婚。

然而和第三者结婚后，又有80%的男人会在这段婚姻中感到后悔。

今天这三个故事的主人公，皆是如此。

01 "妻子曾是我的第三者，如今我又有了情人"

@ 明哲，35岁，再婚5年

在别人眼里我是一个背叛婚姻的"渣男"，我从不狡辩。

我和现在的妻子结婚五年了，她是第三者上位的，其实我本来不想和她结婚，但因为有了孩子，我被逼无奈最后只能娶她。

和她结婚后的日子对我来说极其痛苦，我也恍然大悟，明白了情人只能是情人，不能做夫妻的道理，然而一切都晚了。我讨厌她每天对我指手画脚，我厌恶她对我父母不客气的嘴脸，我无法正视我们因偷情而生的孩子。

终于我又在别人的怀抱里找到了温情。小敏是公司新来的同事，有丈夫，但这并没有阻止我们"相爱"，每天和她一起吃饭、谈心是我最大的快乐和精神寄托。

有一个周末，小敏给我发了短信，说她正在我家楼下，太想我了要和我见上一面。正当我打算下楼的时候有人敲门，妻子开门后，小敏的老公带着不少的壮汉冲了进来，说我勾引他的妻子，那势头明显要动手打我，还是警察及时赶来才平息了这件事。然而我老婆却并不打算放过我，又哭又闹地问我和小敏是什么时候开始的，为什么这么对她。

可我真的不想和她解释，也真的对她心疼不起来，甚至因为她这样的举动让我想起了自己的前妻。前妻是那么的贤惠，那么的爱我，对我的父母也是那么的尽心尽力……

错了就是错了，后悔也是真的后悔，但左右都回不到过去了，而我也无法控制地在这段婚姻外不停地寻找温暖。

02 "我的妻子不知道，她曾经是我的情人"

@ 安旭，29岁，再婚1年半

我和现在的老婆小予相识于一场音乐节，当时她和朋友叫我帮她们拍照，看到她的那一瞬间，我就深深地被她吸引了。她是那么的美丽又活泼，于是我忍不住向她要了联系方式，但我并没有告诉她，那个时候我是有妻子的。

后来在交往中我发现，她和我家里那位完全不同，她会在意我的喜怒哀乐，一切都以我为中心，并不像我家里那位，总因为自己收入高、有钱就贬低我，于是我产生了想和小予结婚的念头。

但是一想到前几年为了追到家里心高气傲的那位，我所付出的心血，和娶到她之后收获的名誉与地位，我又不想离婚了，不想失去现在拥有的一切。于是我假意讨好她，又和她说了假离婚的利益和计划，成功拿到了离婚证，转身便娶了小予。

可惜我偷来的幸福没有维持很久，在小予怀孕三个月的时候，前妻发现了小予的存在，闹到了她的公司。

我欺骗了她们两个的事情就这样被公之于众了，前妻满脸绝望地给律师打了电话，而小予不可置信地看着我，她说："原来我是可笑的第三者，我们离婚吧。"

03 "我总是忍不住想起：她是一个第三者"

@ 佟弈，43 岁，再婚 4 年 3 个月

在说我的第二段婚姻之前，我必须要说说我那失败的第一段婚姻。

我和前妻的婚姻维持了九年，前三年我们的感情极好，直到孩子出生，前妻和我妈妈的矛盾开始加剧。

我妈来我家住，帮我们带孩子，但是她经常跟我埋怨前妻乱花钱，起初我还是会在中间给她们调节，但是好像并没有用。我妈

对她的意见很大，渐渐地我发现我只有顺着母亲说，她才不会总来烦我。

可是顺着她说便让她更加明显地针对前妻，于是前妻也开始讨厌我，甚至我们在那之后，没有了性生活。没过多久我便和现在的老婆小栗越走越近。

小栗曾是我好兄弟的情人，但由于被嫂子发现了，他们便不了了之了，但我们还是经常在一起聚会，就这样她也成了我的情人。

我很喜欢她，她会撒娇，也会逗我开心，甚至把我妈妈哄得也很开心。于是我主动选择了离婚，毅然决然地娶了她，坚信和她结婚后我的家庭关系会变好。

再婚后，小栗对整个家还算尽心尽力，然而我却开始不受控制地在意她曾多次当第三者的事情，每当她出门或者玩手机时，我总会怀疑她是不是也像当初追我时一样，正在对别的男人说着情话。而且我们结婚后，我妈又开始不喜欢她了。

有一次我撞见她领导开车送她回家，心里的所有怀疑似乎一瞬间都变成了事实，不听她的任何解释，拉着她就去离婚了。因为只有离婚，才是对我的一种解脱。

04

爱情，是一件极其美好的事情，而婚姻很大程度上都是爱情的最高表现形式。步入婚姻的双方都希望自己是彼此的唯一，因此背叛和变心便成了感情中最大的悲哀。

有不少人会在婚后完全忘却了当初对伴侣许下的誓言，陷入另一份自以为是的爱情中，甚至急匆匆地又给这份感情以最大的浪漫，选择了再次步入婚姻。

可是这些完全不懂什么是"责任"的人，又怎么能安心享有幸福呢？所以他们大多只能为自己错误的选择负责任。

1. 柯立芝效应：男人更爱新鲜感

柯立芝效应的命名来源于柯立芝和他的夫人，当时他们去参观一个农场，发现下蛋的母鸡有很多，但它们旁边只有很少的公鸡。原来这是因为公鸡虽不能和同一只母鸡完成多次"下蛋任务"，但却可以和不同的母鸡超额完成"下蛋任务"。

其实这便证明了所谓新鲜感的力量。人更是如此，面对新鲜感很难抗拒，正如上文提到的明哲，他因为一时的新鲜感让情人怀孕，最后妻离子散只能娶了第三者，然而生活却越过越糟。

人和动物不同，因为我们除了本能之外，更懂得什么叫克制。当你和第三者的新鲜感消失后，你们之间却再无其他，这时候你怎么可能不怀念当初真爱过的贴心伴侣呢？

2. 沉没成本：没有正确的婚姻观

很多人在判断"沉没成本"价值的时候显得难以割舍，从心理学上来看，这是"损失厌恶"造成的。

正如上文中的小安，他不爱妻子了，但想到自己曾经对妻子的付出，想到离开妻子后自己将受到的损失，感觉无力承担，但是他又想满足自己对另一份感情的欲望。于是他错上加错，用假离婚的方式，伤害了两个女人，最后三败俱伤。

其实能受沉没成本影响的男人，大多数在感情里已经不爱了。但不爱的解决办法有很多，选择欺骗、隐瞒的男人，可以说他们没有正确的婚姻观，更不懂得什么是责任，什么是负责任。

3. 婚姻在于经营，而非逃避

婚姻不像恋爱，大家在恋爱时总是用心呵护，可往往结婚后，双方就开始对这段感情分心，有的人是为了孩子，有的人是为了生计……所以大家总是忘记了要去经营。

佟弈和妻子的感情始终很好，但是因为婆媳矛盾让他们之间出现了深深的裂痕，可在这个时候，佟弈和妻子都没有想办法解决婚姻中的这个大问题，而是选择了逃避。

妻子用拒绝和佟弈过夫妻生活来反抗，佟弈用找情人的方式来憧憬新生活。但问题没有解决，换多少个伴侣也都是一样的。

不论是上文中提到的谁，他们既然背叛了感情选择了第三者，那么不论经历了什么，都需要对自己的选择负责。

写在最后

婚姻是爱情的最高表现形式，所以值得我们用心去经营，去维护。

女人，一定要拥有重启人生的勇气

文／快乐的虫子

如果有一天，你可以重新审视自己的人生，辞掉现在的工作，换掉现在的伴侣，断绝除了家人之外其他所有人的联系，让一切都从头再来，你期待吗？

这部名叫《凪的新生活》的电视剧，就讲述了一个大部分女人都期待的让人生从头再来的故事。

一场夏天中的危机

大岛凪，28岁。工作上，她是公司的"螺丝钉"，谁需要她帮忙，她就微笑着答应下来。

夜幕降临，倒数第二个离开的同事笑着和她说了再见，凪还在硬着头皮处理未完成的工作。

一转头，凪发现刚才那个女同事把手机落下了，手机屏幕上显示的，是其他几个女同事建立的一个没有凪的小群，她们在那里吐槽、嘲笑凪。

凪非常失落，去找自己的男朋友，却发现男朋友我闻慎二正在和同事吐槽她又土又抠门。

凪一向忍受着男朋友不公开自己的身份，听到这里，她直接晕倒了……

醒来的时候，她选择了辞职，离开了和男朋友同居的房子，把所有的东西全扔掉了，除了一辆自行车和一床被子。

凪骑自行车来到一个破旧的小镇，这里看起来一切都是新的。

帅气的、送自己苦瓜的邻居小哥哥阿权，喜欢摸自己的卷头发的小妹妹，节俭到总是在路边捡硬币的、喜欢看电影的绿婆婆，以及一块儿找工作认识的新朋友。这些都是欣欣向荣的新美好啊。

就像许多人期待的那样，辞掉繁重的工作，离开忙碌的城市生活，跑到一个世外桃源里，告别喧嚣，开始隐居。

可惜，这样依然避不开世俗的纠葛。

慎二加完班后千里迢迢赶来，和凪纠缠。

凪在找工作时也遇到了瓶颈，就连毕业于东京大学的新朋友龙子，也一样面临失业的困境。

凪无力地躺在地上，心里十分沮丧，为什么自己都 28 岁了，再过两年就 30 岁了，却失业、失恋，一无所有？

危机一角下的冰山

其实，凪一开始，就在和慎二麻木的亲密接触中，期待着慎二可以早一点向自己求婚，这样自己就可以早点脱离现在鸡零狗碎的生活，不用每天计算着自己怎么做饭带到公司去吃只是为了省钱，不用每天忍受公司女同事的表里不一，更不用忍受自己的碌碌无为，毕竟自己嫁给了工作经验丰富的业务骨干慎二先生啊！

她期待自己逃离这一切的窘境，想要凭借的不过是一个男人的力量。

我能理解凪，因为我自己一开始也是这样，心理上就像一个没有断奶的宝宝，人格上不能独立。

以前没有男朋友的时候，我就有一种孤独向前走的恐惧；有了男朋友，哪怕是暧昧对象的时候，我就会拥有一种莫名其妙的安全感。

所以凪在听到慎二说出他只是因为生理需要才和自己在一起这么久之后，她的世界轰然坍塌。

之前热播的《如懿传》是一部宫廷女子凄惨人生的百态图。

其中，魏嬿婉抛弃了和自己青梅竹马的冷宫侍卫凌云彻，转而投向皇帝的怀抱。在去养心殿侍寝的路上，她遇到了凌云彻，解释着自己的选择：

"我在启祥宫被嘉嫔凌辱折磨的时候，无时无刻不想被赐婚给你，逃离苦海。可是，后来我发现，我只能靠我自己。"

"那你之前在花房说的，想和我重归于好都是假的吗？"凌云彻追问。

"当然是真的。那个时候，和你在一起，是我最好的出路，是我真诚的想法。"

在那个男权社会里，魏嬿婉自己挣扎、努力却一败涂地之后，只能继续依附男人，凭借男人的力量来征服世界。

但在几百年后的今天，凪的人生跌落到谷底之后，却可以选择不同的路。

即使害怕自己像绿婆婆一样孤独而又贫穷地老去，害怕自己成为隔壁女邻居那样的单身妈妈，凪也终于敢于放下对男人的期望，而去思考并意识到了自己的问题。

"至今为止，我从来没有按照自己的意志，去过任何一个地方，我总是想攀附在别人身上向前游。"

闲暇中的答案与成长

面临失业、失恋的困境，凪，这个一无所有的女人到底可以走向何方？

凪在她的闲暇中慢慢找到了生活的答案。

她去酒吧打工，唯唯诺诺，虚与委蛇，有人一针见血地看出了她的问题，并告诉她：你根本对人不感兴趣。

因为不感兴趣，所以对于什么话题凪都是敷衍着的。因为不感兴趣，所以她只想依附在表面和谐的谈话氛围里，不试着去分辨那些请求的必要性，只是一口应承下来。

她遇见了阿权，一个温柔起来像夏天一样的男孩子，他长相俊美，还把自己的房间钥匙给了她。在这样的攻势下，凪沦陷了，和他发生了关系。可是阿权同样还把房间钥匙给了其他的女孩子。

面对这个毫无边界感的男孩子，凪开始明白拒绝的意义，明白主动又独立地做出自己人生的选择是多么重要。

她骑自行车跑到阿权让她深深心动过的海滩上，扔掉了阿权送给她的并非唯一的房间钥匙。

凪第一次开始主动对关系做出修整，而不是像上一段感情那样，在第一次与对方搭讪时就确定了关系，在关系发生变数时就想要逃离。

在事业选择上，凪也不再重复以前自己不喜欢的压抑的工作，而是和龙子小姐一起发现了自己的梦想——开一家可以让人心情放松的洗衣店。

在这部剧下面有一个高赞的评论："闲暇的开始是逃避，闲暇的结束是成长。"

上周末的时候，我去朋友思思家吃饭。思思和她的男朋友打算一起做一顿四菜一汤。

南方妹子思思熟练地炒着花蛤，还弄了道黄花菜盐煎肉，炖了排骨海带汤。她的男朋友在一旁打下手，时不时地剥颗蒜，切下香菜，洗下案板和炒锅。

虽然他们还在租房子，他们相处的场景却温馨得像幅画。

在饭桌上，我才知道，思思入职新公司不久后，她的男朋友就辞职了，差不多已经在家待业两个月。

虽然男方失业在家，可是我在这两个人身上，却没有看到丝毫对于未来生活的惊恐和慌张。两个人一起下下棋，养养花，打打篮球，日子休闲恣意。

闲暇，对于没有安全感的人来说，是一剂毒药；对于紧绷着神经的人来说，反倒成了一种解脱。

凪的觉醒：从精神依附走向自主独立

这也是一些单身职场女性的真实写照。

我们渴求精神上的独立，知道精神独立的前提是经济独立，于是为了经济独立不断奋斗着，但疲惫的工作与生活让我们想要拥有一个依靠，哪怕这个依靠并不稳定。这样的想法好像和我们的追求相背离，让我们陷在一个怪圈里，疲惫、迷茫，找不到努力的意义和方向。

但是我相信很多人看到凪拒绝慎二和阿权，开始无所畏惧地面对自己的单身生活时，对那个已经过去的夏天会有那么一丝丝感动。

现在很多人的生活节奏紧张，约着吃顿饭都要等很久的时间，像凪一样，用整个夏天的闲暇，暂停一下，来缓缓度过自己的感情和事业危机，恐怕是一件十分奢侈的事情。但是，假期还是有的，实在不行忙里偷个闲，想想明天的早饭怎么做，想想下一次和朋友的聚会去哪里。

只要你认真思考，每一场闲暇都有它的命运和果实。

最后，我想用这部电视剧中点赞第一的评论做结尾：

"风已经是秋天的味道了啊。

"谢谢你在这个夏天给我带来那么多欢笑和感动。

"做自己想做的事，不要被其他人所左右，察言观色也要注意自己的心情。"

实录：已婚女人出轨后的自白

文／苏晓

　　小蝶坐在我对面，衣着素雅，但是看起来清新、有格调。她的面色有点苍白，但化了淡妆、抹了口红。无论她的神情、坐姿，或是语调，都透出一股清高而倔强的距离感。

　　从第一次会面到现在，她从焦灼、不安的状态，慢慢恢复了一些平静，脸上偶尔还会浮现出孩子般天真的笑容。

　　小蝶是因为自己出轨，内心对先生、对孩子极度愧疚和不安前来咨询的。

　　通过几次深入的交谈，我逐渐得知，小蝶有一个传统意义上完美、幸福的家庭。她和先生有很好的感情基础，相处和谐，孩子也快要升初中了，表现优秀。

　　但是半年前，小蝶还是出轨了。

　　初和小蝶接触，我很好奇，"完美婚姻"里的她，因何出轨？

出轨，引发无尽的愧疚感

之前，小蝶在外地的娘家出现了一些变故，小蝶独自回去处理。那段时间里，她身心疲惫。就在那时，她邂逅了自己的初中同学 O 先生。

O 先生那时已经独自创办了一家大型企业，在当地非常有影响力。事业有成的 O 先生，却非常温柔低调，对小蝶呵护备至。

在很短的时间里，小蝶就接受了 O 先生。

小蝶说，她起初接受 O 先生的时候，内心竟然没有太多的纠结和对先生的内疚感，她始终想不通这是为什么。她问我，她是不是一个没有道德感和羞耻心的女人。

可是，随着小蝶和 O 先生交往的深入，O 先生对她更加用心，并且希望和她建立家庭。

这个时候，小蝶慌乱了。

一方面，她觉得自己的确很喜欢 O 先生，她不仅享受那种被全心全意呵护和看见的感觉，而且，在 O 先生那里，她觉得自己是天下最幸运、最尊贵的女人。

但是另一面，她觉得家庭和孩子是她万万无法舍弃的。就是在那时，她对先生和孩子的愧疚开始一天天发酵，焦虑、彷徨、无助、失眠……她无法独自面对，于是找到了我。

在我们会面的时间里，绝大多数时候，我都是在倾听她的诉说，用心地感受她的感受，试图进入她所阐述的那个内心世界里。

有时我也会提问，澄清，确认。每当这些时候，她都会若有所思地停顿下来，陷入片刻的沉思。

在和她的最后几次会面里，她的状态已经趋于稳定。她想明白了，完美婚姻中的自己因何而出轨；她也知道面临家庭和婚外的极大诱惑时，自己要如何抉择。

渴望满足自恋，寻找完美的自己

完美的婚姻，不等于完美的自己。

小蝶和先生的婚姻，经过十几年的打磨，已经逐渐趋于稳定，彼此知根知底，似乎已经没有了太多可以"再创造"的空间。双方也仿佛达成了共识，安于这种稳定。

但是稳定的生活之外，小蝶发现，其实自己内心还住着另外一个蠢蠢欲动的自己。

那个自己或许和 O 先生是否爱她无关，和目前的生活是否稳定富足无关，而只是和她自己有关。

小蝶内心深处渴望自己有更成功的事业，期待自己有更高的成就、地位和价值感。

然而，每个人的人生往往都是有限度的，永远不可能抵达自己随心所欲的高度。

邂逅 O 先生后，他的成功、他对自己的倾慕和呵护备至，让小蝶仿佛找到了自己价值感的延伸。

后来她意识到，O 先生其实是她证明自己价值的一面镜子，透过这面镜子，她发现，原来自己可以站得更高。O 先生又像是一根绳索，借着这根绳索，小蝶感觉自己的人生仿佛可以延续至自己原本抵达不了的远方。

至此，小蝶已经释怀了。

她说，其实她并不爱 O 先生，只是仰慕他身上的光环，享受他带给自己的荣耀。

她只是在借光，渴望以此照亮自己的人生。O 先生是小蝶满足自恋、追求完美的自己的一条延伸线。只是这条延伸线和爱情无关，也并不属于小蝶。

后来，我让小蝶在脑海中自由想象三年后自己的生活。

小蝶说，她看到了自己、先生和孩子，一家人在院子里温馨生活、互动的画面。那幅画面里，并没有 O 先生。

想到这里，小蝶哽咽了，那一刻，她深深意识到，自己内心的挚爱，其实只容得下她的爱人和孩子。那是她用心生活，并苦心经营了多年的家。

打破庸常生活和虚空感，寻求"我还活着"的鲜活感

完美婚姻，其实是个伪命题。当我们提到完美婚姻这四个字时，其实我们不过是站在大众世俗的眼光下来评判的。

评判标准通常是：夫妻感情稳定，丈夫品行端正、有责任心、事业有成，自己衣食无忧，孩子学业优秀……

但是这些世俗角度的衡量标准，最大的漏洞在于，婚姻的主体是人，而人最核心的东西在于自我的感受。

　　婚姻究竟是不是完美，如果只能用一个标准来衡量，那只能是当事人自己的感受。

　　《廊桥遗梦》中的主妇，每天忙碌操劳着。她全部的生活主题，似乎只剩下为丈夫和孩子们服务。虽然很肯定的是，她很爱她的丈夫，也很爱她的孩子们。但是在庸常忙碌、日复一日的生活中，她发现她找不到自己了。

　　影片中的一个小细节：她打开老收音机里喜欢的电台，想听着自己喜欢的音乐来做家务，但是青春期的孩子走了进来，很自然而然又理所应当地把电台换成了自己喜欢的频道。主妇无奈地自我安慰，迅速调整好心态，进入她日复一日的生活。

　　一家人吃饭时，她摆好所有的食物，她为丈夫递盐，看着丈夫和孩子们进食。她想说点什么，却发现丈夫在专心地一边进食一边看报，而孩子们也各有所思，她欲言又止，不知道该说点什么。

　　这样的生活里，你不能说她的丈夫不爱她，或者说孩子们不爱她。只是，她的存在，好像变成了一个身份、角色或标签，那就是一个妻子、一个母亲，一个服务者和奉献者，而不是一个属于她自己的、活生生的女人。

　　她的物质生活是有保障的，然而她的情感却似乎被生活屏蔽掉了，既无处安放，也无法得到回应。

　　生活的一切看起来秩序井然，然而她的内心其实已经翻江倒海般不安。

　　摄影师的到来，打破了这种局面。

　　摄影师极其有洞察力，觉察到她的那种焦虑和不自在，愿意陪她聊天，倾听她的过去、她的所思所想、她的观点、她的感受。摄影师接纳了她由于长期做家庭主妇而感受到的自卑和不自在，并给她鼓励。

摄影师在采风之余，为她拍照；在回去的路上，递给她一支烟……

这一切，让她觉得：有人真正看见我，倾听我，重视我……我有知觉，我不再麻木，我是活着的，我可以快乐……

单一的性，很难成为女人出轨的唯一因素

完美婚姻里出轨的女人，往往和追求爱情无关，比如小蝶；和单纯的性满足无关，比如《廊桥遗梦》里的主妇。完美婚姻里出轨的女人，往往只和自我有关。

法国电影《白日美人》里面的中产太太，丈夫是一名英俊硬朗、事业有成的外科医生，对她也非常温柔体贴。然而衣食无忧的生活、完美的丈夫，并没有办法真正点亮她的生活。

这位美丽优雅的上层社会的太太，做了一件匪夷所思的事情——到一家私人会所充当援助女。

许多观众会认为她是因为空虚寂寞，为寻求强烈的刺激。而实际上，她更想要发现自己、探索自己。性只是渠道，而不是最终目的。

影片中，她和丈夫分床而睡。因为她无法接受自己完美丈夫的亲近。她虽然爱他、依恋他，但是在性心理和身体上却非常抗拒

丈夫。

这里其实有一个容易被大家忽略的细节，那就是这位太太在还是个小女孩的时候，曾遭受一名年长而肮脏的锅炉工人长期的猥亵和侵犯。

影片虽然没有用更多画面来展示事情的来龙去脉和细节，但几乎毋庸置疑的是，小女孩被侵犯时，内心复杂的感受将为她成年后的心理和行为，带来极大的影响。

从心理学的视角看，这位太太很可能存在极大的心理创伤需要被修复。

但是，当事人很可能无法及时地意识到这一点，或者当时并没有太多这方面的治疗资源，当事人只好依据内心有意识或无意识的"呼唤"，一步步靠近心底深处的那个魔鬼和谜团。先被魔鬼征服，再逐渐看清魔鬼、超越魔鬼，最后摆脱魔鬼，回归内心的真爱。

说到底，我们太容易把出轨和欲望、背叛、欺骗、爱情、忠诚、道德这些词联系起来，却不太容易看到出轨背后的个体的需要和创伤。尤其是完美婚姻里的出轨，更不容易被理解和深思。

虽然我们绝对不能否认，出轨带给伴侣的伤害都是确切而真实的。但是，在出轨已经发生的情况下，看清问题、超越自己，或许是更重要的。

出轨是唯一的出路吗

现实生活中的小蝶们，《廊桥遗梦》中的主妇们，抑或是曾经有过阴影和创伤的"白日美人"们，当你们面对内心那个成为完美自己的渴望时；当你们面对琐碎庸碌的日常生活，内心没有一点生气和波澜时；当幼时的创伤像个魔鬼一样掌控了你的身心，让你找不到出口时，听从本能的召唤，通过出轨来获得身心的释放或试图解决问题，真的能够让自己趋于圆满、获得身心的幸福吗？

这值得思考。

无论是小蝶，还是《廊桥遗梦》中的主妇，还是衣食无忧、看起来优雅动人的中产太太，还是生活当中已经拥有"完美婚姻"和"完美爱人"却依旧不够满足的女人们，对于她们来说，或许探索自我、寻找新的人生目标，并为其赋予值得追求的意义和价值，是另一条光明之路。

因为人的本能，是向上和趋向追求完美的。当我们前一个阶段的人生目标完成了，那么我们可能会让自己陷入新的焦虑和空虚中，那就是：接下来我为什么而活？活着的意义是什么？

所以，我们需要不断找到新的值得追求的人生目标。因为在任何的生命阶段中，其实我们都需要有足够的寄托和动力。

在现实生活当中，比起出轨，想要拓展自我、超越自我有很多更容易达成的渠道，包括拓宽阅读，与更多有趣的人深度沟通，旅行，帮助他人……

这些事情可以释放我们的能量，让我们获取意义感和价值感，满足好奇心和探索欲，以此来超越空虚感。

所谓"宠妻狂魔"，才是婚姻最大的谎言

文 / 子墨

现在网络上，有很多明星和网络红人以"宠妻狂魔"的身份获得很多粉丝们的喜爱。

他们在微博或者抖音上和妻子（女朋友）互动、夸她们漂亮，宠妻狂魔！

他们陪妻子（女朋友）逛街、帮妻子（女朋友）挑选衣服，宠妻狂魔！

他们给妻子（女朋友）做饭，吃她们剩下的食物，宠妻狂魔！

……

现实生活中，会做这些事的男人并不稀有，他们的婚姻又如何呢？

同样是"宠妻"，婚姻走向却截然不同

宠妻男 A，与妻子是在上大学时打游戏认识的。一开始，女孩身边的朋友没一个看好他们的恋情，大家都觉得他们是两个小孩玩

过家家。

毕业之后，他们不但没有分手，女孩还去了 A 所在的城市。双方见了父母订了婚，过了一年多以后就结婚了。

女孩喜欢打游戏，A 就给她专门配了一台电脑放在卧室；

女孩比较懒散，不会做饭，A 就承包了大部分家务；

女孩生孩子之后嫌自己胖，他就增肥让自己更胖，说这样就显得老婆瘦了；

……

他喜欢晒娃、晒老婆、晒厨艺，还经常配一些奇葩的段子，为的就是哄老婆开心。

老婆收拾衣服，他发视频写道："媳妇和妈拌嘴，我替妈说了两句话，媳妇就要收拾东西回六百千米外的娘家，是不是打一顿就好了？"

几千条留言骂他渣男，替女孩抱不平，他就乐呵呵地让老婆看这些来自陌生人的关爱。

有粉丝看了他发的内容，给出鉴定：你不是极品渣男，就是极致暖男。

女孩时不时会在闺密群里分享 A 的趣事，言语中洋溢着幸福和知足，毫不吝惜对他的夸赞。

毕业十年后的同学聚会，同学们都惊讶于两人的"冻龄"功力。他们的互动，依然像当年在游戏里那般有趣而热烈，看上去却又那么稀松平常。

相比之下，B 男，曾经也是同学圈里出了名的"宠妻男"，婚姻却完全是另一番景象。

当年为了追到有"冰美人"之称的班花，B像忠实的仆人一样侍奉左右。坚持了两年多，再冷的心，也被焐热了。

据说，班花成为B的妻子后，B对她的宠爱有增无减。

老婆工作不开心，他就接私活，为了多赚点钱，好给老婆随时辞职提供底气和资本；

老婆怕疼不敢生孩子，原本喜欢孩子的他说，养狗跟养娃差不多，咱买只狗吧；

就连吃水果遇到一个特别美味的，他都会立马递给老婆；

……

这一切，在一位23岁的女同事向他表白之后，戛然而止。

听到有人对他说"我爱你"，他才猛然发现，这么多年，他似乎从来没有从妻子那里得到过明确的爱的回应，他突然替自己觉得不值，一次醉酒之后就出轨了。

坦白、离婚都是他主动的，妻子表现很平静，只说给她两天时间想一想。

两天之后，她同意了，整个人却像老了十岁。他意识到，原来她并不是不在乎，可能只是不习惯去表达。

反悔、僵持，前路漫漫，荆棘密布……

"宠妻"的男人，不过是懂得履行婚姻契约

我问我的那位并没有"宠妻"标签的男士："你怎么看'宠妻

狂魔'？"

他秒回："我就是啊！"

我露出惊讶的表情："你确定吗？你哪儿来的这份自信？快说说为什么你觉得自己就是……"

他立马改口："不是不是，我随口瞎说的！"

接着就反问："能解释一下什么叫'宠妻'吗？宠到什么程度算'狂魔'？电视剧《不要和陌生人说话》里那个家暴的安嘉和，在邻居的眼里就是个'宠妻狂魔'，算吗？"

我列举了一众被封为"宠妻狂魔"的明星，又说了 A 男和 B 男的事，他很费解：

"他们不就是做了丈夫适合做的、该做的事吗？怎么就成'狂魔'了呢？ B 男就是毫无底线地谄媚，根本没搞清楚结婚的本质，这样'宠妻'出问题很正常啊！"

"婚姻说到底，是一种契约。男人怎么做才算宠妻，还得看当事人的期待。"

他这句话，让我想起结婚这些年，他好像从未对我提出过什么要求，而我提出的要求他总是尽力满足，对双方父母一视同仁地孝敬，照顾孩子甚至比我这个妻子更耐心细致……

他是在不折不扣地兑现婚前的诺言，践行结婚时的约定。

这样的他，在同事那里可能早就被贴上了"宠妻"的标签。只是作为妻子，我自己并没有一个恒定的、客观的标准去衡量，到底什么才是"对我好"。

作为女性，我们很容易把"让我满意"等同于"你对我好，你就是爱我的"。但是我们很难意识到，"满意的门槛"会不断被抬高，向爱人提要求的欲望，会在不知不觉间变成一个无底洞。当对方的心力被消耗殆尽，一切就走到了尽头。

对于婚姻而言，早领悟到这些，或许能规避许多遗憾吧。

宠妻狂魔，女人的心魔

回到"宠"本身，它常常与宠溺、溺爱挂钩，是一种非正常的爱和付出。更多体现在父母对孩子的关心上——爱得缺乏理性，没有了底线和目标，最终的结果很可能是害了孩子。

女人推崇"宠妻狂魔"，更像是把一个孩童对父母的诉求，投射成为婚姻中对伴侣的要求：你只有变着法儿对我好、宠我，才能证明你爱我。

因为没有想过自己到底想要什么，或者没有想清楚自己在婚姻里的诉求和底线在哪里，"宠"就成了一个通用的诉求、一种执念、一种"心魔"。

不论是已婚还是未婚女性，若把明星们秀恩爱的形式，误当成婚姻的实质性内容，恐怕只会迎来更多的失望。

好的亲密关系，需要爱的交互，而不是单方面的付出。就像前面提到的宠妻男 B，因为长期得不到妻子的反馈，无法获得心理能量，当外部力量介入时，就毫无抵御能力。

当我们渴望被宠，羡慕那些看上去被宠的妻子时，不如反观自己：有没有忽略对方为我做的事？我有没有为对方做过什么？我们的婚姻里有没有爱的流动？

　　很多时候，明确对婚姻的期待，守住自己的底线，表达自己的诉求，比"等宠"更有意义。

已婚男讲述：和这四类女人结婚最容易后悔

文 / 时敬国

选择伴侣这种人生大事，有选对了的，必然也有选错了的。

我曾经在生活和咨询中，接触过一些男性，聊到过这个话题。在这里，我把这些故事讲给大家听，一起看看，男人们都后悔娶现在的老婆吗？什么样的老婆，让男人后悔结婚了？而什么样的老婆，又会让男人无悔此生？

有一个家世好的妻子，容易让男人失去价值感

@ 枫先生，35 岁，家族企业经营者

我的妻子是我的大学同学。那时候，她在女生堆里不算出众，但挺可爱的。后来，听其他同学说，这个看起来普普通通的女孩，其实是个富二代，父母经营着一家不小的企业。

我心里立刻觉得，这个女孩不简单，有这样的家庭背景，却如此低调。于是从那时起，我在心里对她高看了一眼。

后来，我们恋爱了，结婚了。我们搬到了她家所在的城市，在她父母的帮助下，我们拥有了优越的生活条件。更难得的是，她的父母还让我们在他们的企业中磨炼，然后，分给了我们一部分产业，让我们去经营。

七年过去了，我虽然过着不错的生活，但不管我自己，还是我身边的人，都不确定这种生活是靠我自己挣来的，还是我岳父岳母给的。

我经常想证明自己，在企业经营上做出一些自己的成绩，做一些和岳父岳母不一样的决定，但是，我的想法经常被他们否定，于是我们之间也经常会发生一些不愉快。而我的妻子也认为，我没必要非要标新立异，稳稳地守住现在的成果就好了。

我觉得，她这样说的时候，内心对我的能力是不信任的，她认为我并不是一个多么优秀的人，配不上有自己的成就。所以，我对她也有怨言。我们之间的争吵也慢慢多了起来。

现在回头去想，其实我当年和妻子走到一起，很大一部分原因是被她的家庭条件吸引了。因为我是农村出身，她身上那种家庭优越还性情温和的样子，是我特别羡慕的。

然而，几年后，我才发现，我没有能力像她那样，坦然地接受这样的生活。我是需要证明自己的人，如果不能，我会有一种入赘的感觉。

说实话，我后悔了。我妻子是个好女人，但是，娶了她，我却失去了证明自己是个"成功男人"的机会。

· 写给那些"家世好的女性"

因为文化的原因，很多中国男性会把自己在家庭里的责任和价值，当成立身之本。

当一个男人承担了家庭的主要经济责任，并且因此感受到自己被需要、被尊重，那么，他就会更自信、更积极。然而，随着时代的发展，很多女性的能力越来越强，或者家庭条件更好。这导致了很多男性对于自己在家庭中的责任和价值的认识模糊了起来。

如果你是原生家庭条件比较优越的妻子，可能你的原生家庭会给你们的小家庭带来很多经济上的支持，这时候，你要考虑这种支持可能会给小家庭的权力和边界带来什么样的影响。

如果可能会带来案例中的这种影响，对于丈夫的自我价值感产生冲击，那么你就要慎重考虑是否和对方步入婚姻，或者如何去解决这个难题了。

娶了"院花"，就要永远捧在掌心吗

@ 胡先生，40 岁，互联网企业合伙人

20 年前，我被学院的"院花"吸引了。当时她被很多人追求，但并没有真的和谁去谈恋爱，似乎她很享受这种被很多人追求的感觉。直到后来，她成了我的女朋友，一时间我被无数男生羡慕。

然而，结婚之后，我才知道，她太需要被关注、被捧着，太需要成为别人关注的焦点了。当她因为自己是一个已婚女性，而无法得到更多关注的时候，她就希望从我这里得到她所需要的所有宠爱。

当然，我也尽力做了。但是，毕竟我们现在是在过日子，我没有办法让自己一直保持在追求她的那种状态里。所以，她总觉得，落差太大了，她适应不了从万人瞩目的风云人物，变成一个"安分守己"的妻子角色。

她一直很怀念大学生活，对现在的生活各种不满意——不满意要辛苦做家务，带孩子；不满意要上班，受领导的气；不满意我不再像追求她的时候那样宠着她。

现在回头想想，或许当年我会以追上她为骄傲，但是，这种骄傲的代价太大了。别人都羡慕我有一个如花似玉的老婆，却不知道，我为了满足她的心理需要，一直没有享受过夫妻之间平等的相互扶持和体谅。

我特别羡慕那些被妻子照顾的男人，回到家可以和妻子平和地聊聊天。而不是像我现在这样，好像是我占有了她的青春，欠了她一辈子。

如果重来一次，我会放下虚荣，去真实地看看自己到底有多爱她。

· 写给那些"曾经是'万人迷'的女性"

很多长相出众，或者气质出众的女性，都曾经有过美好的青春，有着被众多男生追捧的经历。那个时候，你的那个他，对你也一定非常好，所以，你才选中了他。

然而，在婚后的生活里，很少有男人可以一直像婚前谈恋爱时那样宠你、关怀你。一方面，他们认为感情已经到了另外一个阶段，婚姻和谈恋爱不一样，要开始过日子了。对你的爱，早已证明过，不需要一直去证明；或者说，要用另外的方式去证明了。

这个时候，很多女性会有心理落差。尤其是，当自己的外形、气质方面的吸引力，似乎得不到丈夫的珍惜时，她们会觉得自己不被珍视了。从心理学上讲，外在的吸引力，的确是有时效的，而更长久的吸引力，来自三观的接近和对彼此在婚姻中承担角色的认同。

所以，在婚姻里，大家各自更好地演好自己的角色，可能是接下来保持相互吸引的更好的方式。

经济适用型老婆，除了平淡点，其他都还好

@ 老范，42岁，公务员

我妻子给人的感觉，一直是很舒服自然的，属于那种扔到人堆里不会被注意到的女人。

我这个人不太浪漫，也不太喜欢激烈地表达情感，所以，也追不上那些特别出众的女生。恰好，我妻子也没有什么太高的要求，于是我们就这样平平淡淡地走到了一起。

结婚十多年，我们过着安稳普通的生活。和别的妻子相比，她没那么多牢骚抱怨，总是怡然自得。我们的生活很平静，偶尔感到温暖、温馨。

美中不足的是，我们太像亲人了，似乎没有过激情。有时候，我看到那些更漂亮的女性，更有风情的女性，也会心猿意马。但是，我也知道，那些都不是过日子的人。

人生总要有取舍。对于我来说，婚姻生活有两种，一种是激情四溢，然后收拾并不圆满的残局；另外一种是温暖如水，但结果相对圆满。

如果有机会回到从前，我想我依然会选择后者吧。

·写给那些"安静、满足的女性"

能找到一个和自己过平淡日子的男人，其实是一种幸福。两个人婚姻观一致，都追求长久，追求圆满，并因此而拒绝诱惑。

不过，所有的人都会渴望激情。你要随时关注另一半，如果他平淡太久了，有些蠢蠢欲动了，你不如也唤起自己的激情，和他一起去做点出格的事情，给彼此带来一些小新鲜、小刺激。

如果你们不去释放这些激情，那么，两个人"开小差"的可能性就会增加。

一个内心封闭的妻子，需要我永远呵护着她

@乔先生，39 岁，经理

我的妻子，是那种特别让人心疼的人。她小时候因为走路稍微有点跛，被别的孩子笑话，就变得和人很疏远，一副冷冷的样子。

其实，她的长相还不错，加上那种略微有些清冷的气质，当年我一下子就被她吸引住了。我用了很多心思，才打开了她的内心，让她感动，相信我是可靠的，是值得信任的。

但结婚多年以后，她虽然仍然信任我，却还是会经常陷入能量比较低的情况，我就需要耗费很大的能量，去让她感觉好起来。

说实话，我有点累。但是，我也想，我是她在这个世界上唯一信赖的人，如果我放弃她，估计就没人像我这样疼她了。她会再次完全把自己封闭起来，永远孤独。

想到这个，我就觉得，我会一直陪着她。我不后悔当初走进她的内心。

· 写给那些"内心封闭的女性"

每个人的人生经历不同，总有些人经历过别人想象不到的痛苦。所以，你可能的确很难相信这个世界，很难充满能量地去面对它。这个时候，如果你遇上一个心疼自己，能长久给你能量的人，那是多么幸运啊！

不过，你也需要知道，即使他是那种付出型的人，很会照料别人，他的能量也是有限的，他也是需要补充能量的。所以，当你的能量相对比较充足的时候，你要及时地去反哺他，温暖他。

当你实在觉得自己状态不好的时候，你可以试着向心理咨询师寻求专业的帮助，修复自己的创伤，改善自己的能量循环。这样，那些爱你的人，你爱的人，就可以轻松一些。

吸引力在变化，我们在成长

在上面的几个故事里，我们看到，他们曾经因为彼此某些方面的吸引，而走到了一起。但随着时间的推移，很多吸引力发生了变化。

心理学告诉我们，婚姻里，那些外在的刺激，比如长相、身材、身份、地位……带给我们的吸引力会逐渐减弱。而我们对世界的看法、对人生的看法、对于彼此在婚姻里承担角色的认同，所带来的吸引力，会逐渐上升。通俗来说，你越像对方期待的妻子那样，对方越像你期待的丈夫那样，那么，你们彼此就会更好地相互吸引。

还有一些吸引，被称作致命吸引。

"如果伴侣最初吸引人的品质逐渐变成最惹人厌烦、恼怒的特点，致命的吸引就产生了。例如，开始交往时看上去主动、风趣，可能到后来就成了不负责任、愚蠢；一开始看上去坚强执着，到后来变成了专横跋扈；一开始很享受伴侣高度注意和奉献的人，到后来觉得这样的占有欲太强进而反感这些行为。"（罗兰·米勒、丹尼尔·珀尔曼《亲密关系》）

所以，我们看到，吸引力总会发生变化，但并非无迹可寻。每个人在走进婚姻之后，都应该在以下方面做一些努力，做一些成长。

（1）和伴侣保持同步的成长，保持对世界、对人生看法的一致性。

（2）做好自己在婚姻里的各种角色，明确相互的责任，并勇于承担各自的责任。

（3）保持一定的兴趣爱好，丰富自己的精神世界。

（4）保持一定的激情，不要让生活变得一成不变。

（5）不要一直做被照顾者，也要学着去照顾别人。

如此，我们便不会让自己失望，也不会让伴侣失望，然后一步步走到婚姻的深处，我们就能做到坦然，而无悔。

再婚前一定要处理好的五个问题

文 / 端木婉清

01

　　我收到一封女性读者的求助信，是关于再婚问题的。

　　从 2003 年起，我国离婚率已连续 15 年上涨，2019 年离婚夫妻数量再创新高。这个现象背后，意味着离异人士的再婚数量也跟着大幅上涨。

　　有的人因为经历过一段失败的婚姻，面对下一次婚姻的时候，会更加理智、谨慎。

　　但有的人，刚从一个坑里跳出来，偏又急着跳进另一个坑里。这导致一个家庭还没有拉开新生活的篇章，重组婚姻就再次触礁，亮起红灯，结果比之前的状况更加麻烦尴尬。

　　此次来信求助的读者李梅面临的就是这种情况。

　　她说："再婚三个月，我想离婚了。我原以为现任丈夫会是我最后的归宿，谁知结婚第三天我们就吵架了。现在一堆麻烦事缠身，我连家都不想回，太令人窒息了，多一天也过不下去了。"

她问我："为什么会出现这种情况呢？再婚为什么会那么难？到底什么情况下才适合步入下一段婚姻呢？"

在回答这个问题之前，我们还是先来看看她的经历吧。

为方便叙述，以下部分用第一人称撰文。

02

我叫李梅，今年 41 岁，现居住于杭州，有套 90 多平方米的房子，有辆代步车，颜值在线，目前和朋友在市场开了一家服装批发店，年收入在 50 万元左右。

在外人看来，我是一个活得光鲜亮丽的女人，有钱，有事业，长得还不错，但实际上各家有各家的难处，我也有我的苦。

我的婚姻不大顺遂。这些年的风风雨雨我也过来了，还是没有遇到一个对的男人。

03

我的第一段婚姻。

结婚那年，我 23 岁，师范学院毕业，在当地的一所小学里教语文，丈夫是三甲医院的外科医生。

我们年纪、学历、样貌相仿，原生家庭的经济状况也匹配，又彼此钟情，也算是门当户对的典范。我们在大家眼里，亦是公认的郎才女貌，金玉良缘。

我本人也一直认为我们的婚姻是天作之合，会一辈子幸福。儿子出生后，我为照顾家庭和孩子辞去工作，过起相夫教子、孝敬公婆、打理人情来往的日子。

但我的所有付出，最终没有换来他的长情，而是背叛。

他出轨了，对方是他的女同事。

这件事，给我们的婚姻造成了不可估量的伤害。

我一度心情郁结，走不出来。后来他不断求我原谅，加上我也还爱着他，更考虑到双方家庭和个人脸面，以及孩子的心理成长，才选择了原谅。

做出原谅后，我们的生活表面上回到了最初风平浪静的样子，但实则波涛暗涌，随时都会掀起狂风暴雨。

他选择回归后，确实洗心革面，想要跟我好好生活，努力弥补之前的过错，行为和情感上都做出了实际的行动。但我却难以做到真正的云淡风轻。

当初被背叛的阴影还是笼罩在婚姻这座城池之上，压得我时不时地喘不过气来。

他做得越小心翼翼，我的疑心病就越重。开始他因为自己是过错方还能忍受、妥协、迁就，但随着一次次地被怀疑、被质问，他也没了耐心。

最终我们爆发了争吵，直到把 15 年的感情全部吵没。

婚姻也就散了。

老公变成前夫，儿子的抚养权归他。

留给我的是一套房子、40万存款和孤身一人，以及离异女性的标签。

04

我的第二段婚姻。

这段婚姻，从相识、相恋到结婚一共只有半年时间。

离婚后，我本打算好好做事业，多赚点的钱，给儿子和自己多留一些能托底的资本。感情的事没在考虑的范围内。

但有些事情你越不想去考虑，却越是在意。加之我虽然离婚了，但还是没有真正放下和前夫的那段过往。

我每天都在关注他的消息，看他的朋友圈。既希望他过得好，又希望他过得不好。

后来，前夫和之前出轨的对象结婚了，得知这个消息后，我感到了前所未有的失落和不甘心。

凭什么我当初去爱、去付出，一心为了家，最后却得到被出轨、被离婚的结果？

而他明明是过错方，最终还是先我一步收获了幸福？而且再婚对象偏偏是当年那个第三者。

我不甘心，不愿输给他，所以在这种意识的影响下，我快速结识了我的现任老公。

他比我小三岁，高中毕业来杭州工作，老家在四川，家里世代务农，目前在一家电子公司任部门主管，年薪十几万元，在杭州没房有车。

同时他也是离异男性，有一个 13 岁的女儿正在老家读初一，一直跟着爷爷奶奶生活。

按理说他的条件在我的追求者中不算好的，甚至有些差，但当时他表现得很真诚，也懂我。

他知道我需要什么，不需要什么。我有情绪的时候，他能够包容、开导我。说到他女儿问题时，他也表示以后不会让我为难。

我透露不想再要孩子的打算，想过二人世界，他也表示理解和支持。

他对我也大方，自己没什么存款，但会花很多钱在我身上。虽然我不缺钱，但还是贪慕这份虚荣感的。

都说找一个爱你的人容易，找一个懂你的人很难，我想，或许就是他了。

所以，认识不过半年，我们就领证结婚了。没有办酒席，只找了各自的好友，小范围热闹了一下。

婚房是我的，家里所有布置都是我安排的。他拎包入住。

05

我以为我的现任老公会是我最后的归宿，但谁知结婚第三天我们就吵架了。

结婚的事，他父母是知道的，但因为我们没有办酒席，也没有邀请亲戚，所以当天他们都没有过来。我想着今年过年的时候，再买点礼物回去拜见他们。

谁知道婚后第三天，他的父母和女儿就都过来了。

公婆一来，表示要长住一段时间，还提出叫我帮他的女儿在杭州找一所中学读书，说以后要转学过来。

这一切来得太突然，我压根没有准备好，在还不知道怎么回答的空隙，他却抢先一步答应了。

答应他父母的长住，答应给他女儿办转学。

别说我没这能耐帮他女儿转学，就算有，也要看看合不合适。毕竟他女儿来了，是要长期和我们住在一起的。

而我之前的意思，是想过二人世界。

那晚，我和他大吵了一架。

我觉得他太过分了，首先，老家的父母和女儿过来，我并不知情；还有，来了小住几天可以，但我们对彼此都不熟悉，他们要长住，还要我帮他的女儿办理转学，这未免有些滑稽。

我表示拒绝，但他认为我小气。

他觉得我和他结婚了，是一家人了，有必要计较这些吗？

他说我的房子大，有四个房间，再住几个人完全不影响，而且我有经济能力、有人脉，解决一下他女儿的读书问题是小菜一碟。

可这根本不是能不能做到的问题，而是夫妻之间需要相互尊重的原则问题。

后来我委屈地哭了，再婚怎么会是这样的呢？

他认错了，表示会尽快催促父母回老家，女儿的事也暂时放一放。当晚，这件事勉强算过了。

但后面的事却一件比一件糟心。

06

他女儿因为要读书，所以请假的日子一到，就拿着他给的存有一万元钱的银行卡回家了。

但紧跟着的是，他老家的七大姑八大姨、小堂弟大表姐都相继过来了。

美其名曰祝贺再婚，实则一住就把这里当成自己的家了。

搓麻将、打牌、嗑瓜子、聊天，无所顾忌。

我感觉家里的屋顶都要被他们给掀翻了。

不仅如此，我还要天天准备三餐招待他们，每天收拾卫生到深夜，骨头都要散架了，却没个人帮我。

有几个亲戚还提出要到我的服装店里来，来了要我送她们衣服。

不是我小气，但我实在觉得这样太滑稽了。我的房子、我的钱都不是大风刮来的，凭什么他们可以随便占便宜，吃相还这么难看。

我再度和他爆发了争吵，并且提出让他的父母、亲戚都回去，以后没事也不要经常来，来了就在酒店招待他们一下。

他觉得我看不起他的家人，不尊重他，不给他面子，说就是几天的事，以后就是二人世界了，怎么连眼前这点困难都熬不过去。

我们争吵，他摔了碗碟，推了我一把。这是我始料不及的。

还有一件事也让我觉得十分荒唐。

他的女儿回家后大概和她的亲生母亲说了一下她爸现在的情

况，结果没过几天他的女儿就和爷爷奶奶打电话说："我爸找到有钱老婆了，以后我可以过好日子了，我想来杭州读书，我以后也想嫁到杭州。"

他们转述给我听后，我的脑袋一下子就大了。

第三件事，他提出自己薪水不高，事业做得也不出色，家里正好也没有请保姆，要不就辞职在家，帮我照顾家里。

我没有同意，我觉得一个男人和我认识才半年，结婚也不久，不合适为我放弃自己的事业。但他自作主张，辞职了。

从此以后，我和他三天两头地吵架，冷战。

我再婚，是为了得到更好的幸福，是需要一个知冷知热的伴侣。但谁知，再婚生活才开启，就是这般鸡飞狗跳的模样。

说到底是我太草率了。

我觉得再婚好难啊，为什么会这样呢？难道像我这样的情况，就不能拥有下一站的幸福了吗？

07

看过李梅的两段婚姻，以及她对再婚问题发出的质疑，其实我能够理解她此时此刻的心情。但我还是要告诉她，并不是再婚太难，也不是离异男女就不配拥有下一站的幸福，而是太草率地开启新感情，本身就是不负责任的表现。

只有为再婚做好充分准备的人，才更容易得到幸福的眷顾，即便再婚路上发生变故，也更能拥有抵御困难、治愈伤痛的能力。

李梅问：到底什么情况下才适合再婚？

我个人有这几点建议。

1. 需要先处理好前一段感情

再婚意味着重组家庭，需要真正告别之前的婚姻经历。这不是让双方去遗忘那段存在的感情过往，而是需要你把过去的人和事尘封，在记忆里安放，包括那些委屈和伤害、纠葛和不甘。

如果有任何一方，没有真正处理好和前妻（前夫）之间的情感问题，就需要谨慎考虑再婚。

这是对己对人必须要负的责任。

2. 需要足够了解对方

不管是在恋爱还是婚姻中，我们都需要足够了解对方，了解他（她）的原生家庭、人品性格等问题后，方可把感情等交到对方手里。

尤其是再婚，双方都是经历过一段失败婚姻的男女，更需要保持理智与谨慎，用成熟的心态去接触和思考问题，了解彼此离异的原因、存在的问题，以及掌握对方为再婚做了多少准备。

初婚尚且有很多考察期，再婚更需要。

而了解是需要时间的，短短几个月很可能不足以让我们看不清一个人，也无法掌握一个人背后的情况。这种时候，不必急着领证结婚。

太过草率的开始，必然会面临更多猝不及防的麻烦和痛苦。

3. 婚前需要处理干净经济问题

两个经历过婚姻的人，多少都会遗留一些前段婚姻中的问题，尤其是孩子和经济问题。

如果一方有经济上的问题尚未解决，那势必会影响他再婚后的家庭收入与开支情况，也会影响两个人的感情。

钱的事可以说是婚姻中要紧的事情之一，需要在婚前处理干净，更需要提早为婚后做出规划。

4. 要为孩子早做打算

重组家庭，不单是两个人看着觉得合适，然后在一起开始生活，就可以了。其中最大的问题，是牵扯到孩子的事情。

孩子的事情处理不好，再婚家庭的幸福指数就会大幅降低。

所以带着孩子的重组家庭，需要事先培养彼此和对方孩子之间的感情，做到真正的喜欢和接纳，也必须认真探讨婚后如何养育双方或者一方孩子的问题，做到尽可能地无区别对待。

这里，也包括考虑到婚后是否再要孩子的问题。

凡事多为对方着想，为新家考虑，为孩子考虑，多做些准备，事后遇到事情，才可以更好地面对和解决。

5. 是因为彼此真心喜欢才在一起

婚姻忌讳将就，再婚更是，很多人觉得自己已经经历过一段婚姻了，再婚合不合适都只是为了找个人搭伙过日子，爱不爱没那么重要。如果带着这个思想去重组婚姻，那就大错特错了。

将就的组合，在日后发生矛盾的时候，是最容易相互推脱，甚至是诋毁的。这样的感情经不起任何风吹雨打，只要稍微有一点变故，就很容易陷入矛盾中，让关系走向破灭。

两个人只有有了爱的基础，有充分的准备，有愿意为对方付出的包容的心，这一站的幸福才会稳稳的。